発達障害児の発達支援と子育て支援

つながって育つ・つながりあって育てる

瓜生 淑子・西原 睦子◉編著

浜谷直人・田丸尚美・楠 凡之・小渕隆司・三山 岳・荒井庸子

大津発達支援と子育て支援を考える会

かもがわ出版

写真協力：仰木の里東幼稚園・大津市立小学校・瀬田東幼稚園・志賀北幼稚園および三上佳子、玉置ゆり。なお、写真と本文中の事例とは関係ありません。

組版：東原賢治（エス・エヌ・ピー）
装丁：中村義友（エス・エヌ・ピー）

まえがき

子育ては、本来プライベートな営みながら、一方でその時々の社会・文化や政治・経済の影響を大きく受けながら現代に引き継がれてきました。1990年代に入って少子化が「問題」化しはじめました。少子化、それ自体が悪というわけではないはずですが、そうした社会変化に随伴して生じる課題に、時代を見据えた方針と十分な対策が立てられていないとき、それは「問題」として顕在化します。

少子化問題に対する政策は、当初から人口対策・労働力対策としての色彩の濃いものでした。さらに1990年代後半から、少子高齢社会への危機感のもと、自由な競争・多様な選択を切り札に社会保障の分野にも「規制緩和」が次々と導入されるようになります。この頃から医療や福祉の場に「サービス」という用語が導入され、ユーザーの自由な消費行動を保障する環境整備が行政の仕事と言わんばかりの論調も強くなってきました。民主党政権下の菅首相の所信表明演説（２０１０年）でも、「強い社会保障」（「成長をもたらす」、つまりは「もうかる社会保障」）への発想の転換が力説されました。こうした〝成長戦略〟のなかにあって、２０１５年4月には「子ども・子育て新制度」が本格実施となりましたが、こうした制度の改革がどこに向かうのか、そして、ほんとうに手立ての必要な子どもと家庭に子ども本位の支援が行き届くものなのか、見極めていく必要があるようです。

今日の乳幼児健診を軸とした母子保健行政は戦前に始まりましたが、戦後、１９６０年代の3歳児健康診査の整備以降、障害の発見に力点が移っていきました。やがて、１９７０年代に1歳6か月児健康診査（以下、健診と略）が制度化されていくなかで、早期発見だけでなく、早期対応の必要性が課題として浮かび上がり、各地で乳幼児健診後の早期対応のための独自の取り組みが始まりました。例えば「大津方式」の名で知られる滋賀県大津市のシステムも、１９７０年代前半にその基本が整備され、さらに、１９８０年代半ばには、健診後のフォローのために親子教室が開設されます。こうした経過観察のための事業が、１９９０年代初頭には国の補助事業として位置づけられていきました。

そうしたなかで、1歳6か月健診では必ずしも判断がつきにくい、あるいは、3歳児健診でも判断がつきにくい子どもたちへの対応や、乳児期から育てにくい子どもと保護者への対応が新たな課題となってきました。保育の現場で「（ちょっと）気になる子」の問題が知られるようになっていくのも２０００年頃からです。やがて、発達障害の診断のついていない子どもも幼稚園・保育所の障害児加配の対象とする自治体も増えていくようになりました。

しかし、今世紀に入って、「障害者自立支援法」（２００６年）、「障害者総合支援法」（２０１３年）、それに伴う児童福祉法改正など、障害児をめぐる施策はめまぐるしく変わってきました。２０１０年の改正児童福祉法（２０１２年４月施行）では、障害児の定義に「発達障害」が加えられ、またそれまでの障害種別の通所支援が「児童発達支援」として再編され、「障害児相談支援事業」等が創設されました。このときの児童福祉法改正の主旨は、「専門的な支援」を「できるだけ生活の場から近いところで」受けられることを具体化するためということでした。しかし、子どもの障害に精通した専門的な人材配置が整えられるのか、障害児相談支援事業の介在による保護者と事業者の「契約制度」が発達支援を受けるための「関門」となりかねないのではないか、これまで多くの専門スタッフが関わって重層的につくられてきた地域の支援システムが、親子と事業者との個別の関係に解消されかねないのではないか、といったさまざまな不安の声がありました。

そうしたなか、筆者らは、２００８年3月の日本発達心理学会第19回大会（於大阪）において「『軽度発達障害』児の早期発見・早期対応をめぐる地域の取り組みと今後の課題」、さらに２０１４年3月の同学会25回大会（於京都）において「幼児期から学童期の発達支援と保護者支援の課題を探る」と題する自主シンポジウムを開催しました。いずれも多くの方に参加いただきました。とくに、京都でのシンポジウムでは学会最終日にもかかわらず、会場に入りきれないほどの方々に参加いただき、発達障害への関心の高さとともに、地域で発達支援や子育て支援に関わる人びとの層の厚さを実感しました。

本書は、２回のシンポジウムを通じて浮かび上がってきた、地域における発達障害児の発達支援・子育て支援の課題について、昨今の子育て支援策や障害児施策の動向もふまえ、シンポジストを中心に原稿を依頼したものです。執筆者には、北海道から九州にいたる広い地域での発達相談や巡回相談、保育・教育の実践や調査・研究をもとに語っていただいています。とくに「大津発達支援と子育て支援を考える会」のメンバーからは、実践者に加え、保護者にも寄稿いただきました。

本書の特徴として、以下の点が上げられます。

・学童期までを取り上げ、乳幼児健診・相談活動だけでなく、保育所・幼稚園、学校・学童保育の場での支援の課題まで視野に入れている。

・発達障害児・親への個別の訓練や支援という視点を超えて、子どもの生活のなかで課題を捉え、子どもが安心できる生活集団のなかで発達を支援することが支援の基本にあるべきであるという立場に立っている。

・1970年代半ばまでに全国に先がけ、乳幼児健診体制および障害乳幼児対策を整備したことで知られる、大津市での2000年前後からの発達支援の対象をひろげた新たな取り組み（「発達支援療育事業」）の経過を取り上げ、さらにそこで育った子どもたちの日々の様子や、関わる大人たちの願いや思いを、保育者や保護者からリアルに語っていただいている。

なお、本書で念頭においている「発達障害児」は、主に自閉症スペクトラム障害（Autism Spectrum Disorder：ＡＳＤ。自閉スペクトラム症とも表記される。従来の「アスペルガー症候群」も含む）、注意欠如・多動性障害（Attention

Deficit/Hyperactivity Disorder：ＡＤＨＤ）、学習障害（Learning Disorder：ＬＤ）をもつ子どもたちを想定しています。発達障害者支援法では第2条の定義にほぼあてはまり、大きな知的障害をもたず、その多くが小学校では特別支援学級や通常学級に在籍するような子どもたちです。乳幼児期の子どもの場合、より広く、その時期に障害とは言えないまでもなんらかの発達支援の必要な子どもたち（自治体によっては「要発達支援児」「要支援児」などの名称をあてている）もふくめて論じている場合もあります。

また、「発達支援」という用語は、厚生労働省の「障害児支援の在り方に関する検討委員会報告書」（２０１４年7月16日）では、「障害のある子ども（またはその可能性のある子ども）の発達上の課題を達成させていくことの他、家族支援、地域支援を包含した概念として用いている」と述べられています。本書では、もちろん家族支援等も視野に入れつつ、「子どもの発達上の課題を支援していくさまざまな公的な関わり」として使っています（「発達支援」の用語が公的な文書に現れるのは、１９９１年5月22日付の厚生省児童家庭局通知「乳幼児健全発達支援相談事業の実施について」が初めてではないかと思われますが、その後、この用語が近年のように広く使用されるようになった経緯については、別書に譲りたいと思います）。

近年、発達障害には脳機能の障害や不全が想定されるようになってきましたが、必ずしも詳細が確定されているとも言えません。本書ではその点について論じるものではありません。しかし、障害像自体、固定的なものではありません。また、たとえ脳機能の問題であるとしても、医療的な関わりだけで事足りるはずはなく、二次的障害や困難を拡大させないためにも、育児や教育・保育・療育等の役割は極めて大きいはずです。これまで報告された多くの実践は、本書にある事例や保護者や保育者たちの手記や実践報告にも見るように、そのことを確信させるものです（登場する子どもの名は、すべて仮名です）。

こうした意味から、発達障害児の発達支援にあっても、子どもたちの生活全体を視野に入れた発達支援が行われることが大事であるという立場を、執筆者は共有しています。本書のサブタイトル『つながって育つ、つながりあって育てる』は、このことを端的に表したものです。さらに、時代的な子育て状況の難しさ、それへの支援の課題とも切り離さず、考えていきたいと思います。

（瓜生　淑子・西原　睦子）

もくじ

序　子育て支援と発達支援をとりまく状況と課題

1　子どもの生育環境の劣化

高度経済成長期に入った1960年代頃より、子どもの「外遊びの減少」などがマスコミ等でも指摘されはじめました。やがて、空間・時間・仲間、いわゆる「三間」の減少が、都市部に限らず、自然に恵まれているはずの地方でも同じように進んでいることも指摘され、子どもの生育環境が大きく変わってきていることが報告されるようになります。世界的にも、1979年の国際児童年への啓発がひとつの契機となり、先進国の子どもの育ちへの危機感が高まっていきますが、国内でもその前年にNHKテレビの「警告!こどものからだは蝕まれている」という特集番組で「子どもの体アンケート」を実施した正木健雄氏の調査結果—小さな時期から「背中ぐにゃ」「すぐ「疲れた」という」「朝からあくび」が増えているなど—が紹介され、反響を呼びました。総理府が行った比較調査「国際比較　日本の子どもと母親」(1980)でも、就寝時間・学習時間・遊ぶ時間等、子どもの生活時間に関わる問題が、とくに日本で深刻であるという結果が示されました。

その後も、子どもの生活実態は一層、深刻になっています。日本小児保健協会による全国的規模での就学前児の健康調査の１９８０年からの10年ごとの結果を見ると（日本小児保健協会、2011）、排尿・排便のしつけの時期の遅延、「主に自宅で遊ぶ」子どもの一般化、就寝時刻の遅延、夜間睡眠量の減少、お稽古ごとの早期化・増加などが顕著になっています。例えば、睡眠に関しては、２０００年調査より改善したものの、２０１０年調査でも３分の１近くの３歳児が夜10時以降に就寝しています。

子どもらしい生活という点から見て危惧される状況は、１９７０年代前半の〝高度経済成長〟の終焉と逆に、急速に進んでいきました。１９８０年代に入ると「家庭の教育力の低下」という言葉が枕詞のように使われるようになります。実際、その前後から「育児ノイローゼ」という用語がマスコミを賑わすようになりました。今世紀に入って「男女共同参画」という言葉が浸透するのとは裏腹に、現実には家庭で孤軍奮闘せざるをえない母親の閉塞感、孤立感も大きくなっていきました。「子育てが楽しい」という母親であっても「育児不安」「育児負担感」があるという一見矛盾した状況も、広く知られるようになります（瓜生、2006）。核家族化のなかで、育児技術の伝承の難しさも浮かび上がります。いまや、子どもの生育環境が変化するなかで育ってきた子どもたちが親となり、子育ての主体になる時代になりました。初めて向き合う子どもという〝自然〟に戸惑う親がいたとしても、責めるわけにはいかないでしょう。

こうしたことの背景には、都市化による自然環境の劣化、大都市への人口集中と核家族化の進行、地域社会の変貌などがあります。「子育て支援」が政策として必要とされることの背景にこうした急激な社会構造変化があることが曖昧にされるなら、「支援」は子育て最前線にいる母親バッシングの隠れ蓑にもなりかねません。

2　少子化対策としての保育所対策

政策側が少子化対策に本腰を入れるようになったのは、１９８９年の合計特殊出生率値が突きつけた、いわゆる1・57ショック以降のことです。１９９０年代に入ってようやく「少子化」が「問題」として捉えられるようになりました。そして、「長時間保育サービス事業の実施について」（１９９１年）の通達を皮切りに、積極的な保育対策を取り上げていきます。１９９４年には文部・厚生・労働・建設の４省合同で「今後の子育て支援のための施策の基本的方向について」が確認されました。これがいわゆる「エンゼルプラン」であり、「緊急保育対策等５か年事業」として具体化され、これ以降、５年ごとに支援目標が策定されていく少子化対策事業が始まります。このときの子育て支援施策は、その名が示すように保育所施策であったわけです。こうした施策は、働く母親の増加を反映した保育所ニーズに押されてのものである一方、国の少子化対策が女性に「産めよ、働けよ」と期待する人口政策・労働力対策として展開していくことの現れでもありました。

しかし、その後も出生率の低下は進み、少子化は確実なものとなっています。しかし、そのことよりも、1・57ショック以降の政府の取り組みの最大の問題点は、一貫して子どもを育む視点が弱かったことにあると言わざるをえません。とくに待機児童問題が大きな社会問題となるなか、今世紀に入って小泉政権は歴代首相として初めて所信表明演説で保育政策に言及し（２００１年）、「待機児童ゼロ作戦」に取り組みましたが、それは保育の世界にまで、競争をこそ活力だと見なす〝規制緩和〟が浸透しはじめることでもありました。保育所への企業参入、公立保育所の民営化などのかたちで、さまざまな規制緩和がすすんでいます。

3　子ども・子育て支援新制度

公的保育への規制緩和がすすむ一方、そうした子どもの「福祉」施策そのものが時代遅れだという論調も出てきます。それは、「これまでの子育て支援施策は、「保育」に代表されるように、児童福祉法を基本に、「福祉」の考え方に基づき対象者・家庭を限定して行われてきた。しかしながら、保育の利用世帯をみても、……その状況は大きく変化している。したがって、施策・制度も、従来のような主に低所得者層を念頭に置いた福祉的対応から、普遍化・一般化という流れにふさわしいあり方、利用しやすい仕組みへと見直すことが適当である。……今後の子育て支援施策は、……すべての親子を対象に、その必要に応じたサービス等の提供を目指すべき」ことが謳われるようになったことです（厚労省「次世代育成支援施策の在り方に関する研究会」2003）。

こうした子育て支援策の転換が前面に打ち出されたとも言える大きな制度改革―後述するように、当初の民主党提案から紆余曲折がありましたが―が、２０１２年の関連法成立を経て２０１５年４月より本格実施となった子ども・子育て支援新制度です（以下、「新制度」と略すことあり）。

新制度の就学前児の保育制度に関してみると、保育所・認定こども園・幼稚園からなる施設型保育と、従来、待機児童対策の応急措置としてあった家庭的保育等、主として低年齢・小規模である認可外保育を位置づけて取り込んだ地域型保育からなるデザインです。認定こども園自体は既に２００６年に始まっていましたが、その取り組みは私立幼稚園等での限られた移行が主であり、普及は進んでいませんでした。しかし、新制度では認定こども園、とくに幼保連携型認定こども園の活用がひとつの柱として打ち出され、公立の幼稚園・保育所の再編による認定こども園が増えてきています。認定こども園は制度発足当初から、給食の外部搬入にも道を開いたこと、午後の保育が必要な子どもに「預かり保育」で対応できることなどから、全体として「安上がりの待機児童対策」ではないかとの声もありました。

たしかに、幼稚園と保育所の二元的併存状況の解消という課題は今世紀になって突然沸いたものではありません。また、以前から地方によっては実質的な「幼保一体化」に取り組むところもありました。しかし、注意すべきは、そもそも認定こども園では直接契約制（入所には施設と親が当事者として直接契約を結ぶ仕組み）が前提となっているという点です。直接契約制により、「保育に欠ける」ことを前提とせずとも長時間保育も利用可能になることなどから、「利用しやすい保育制度」だという言い方もされてきました。しかし、施設との直接契約であるため、新制度になってからも「その他特別な事情がある場合など」には園が受け入れを拒むことは否定されていません（内閣府「事業者向けFAQ（よくある質問）第7版、2015)。「特別な支援を必要とする子ども」や「（保育料の）滞納」「保護者とのトラブル」などが想定されており、配慮や具体的な手立てを必要とする子どもたちが「子どもの状況と施設・事業の受け入れ能力・体制との関係から」入園を拒まれることが起こってこないか、しっかり見ていく必要があります。

ただし、新制度で、これまでいわゆる「保育に欠ける」と言われてきた子どもへの福祉的対応が全廃されたわけではありません。当初案は、児童福祉法の24条1項（市町村の保育実施義務）の廃止を伴った提案でした。しかし、この廃止案には保育関係団体がこぞって反対を表明するなどあって、結果的に「保育を必要とする」子どもに対しては、市町村が保育所で保育する義務が書き込まれ、第1項は復活しました。ですから、「保育を必要とする」子どもの場合は、認定こども園を希望していた場合でも、まず市町村に利用希望の申し込みをすることから、園の意向で保育を受けられなくなることはおこらないと説明されています。しかし、直接契約制については、小泉内閣の下、「骨太の方針」のなかで繰り返し保育制度に関しても提案されてきたものであるだけに、今後の動向には注意をしていく必要があるでしょう。

たしかに、規制緩和の切り札とされる直接契約は、保育制度を例に取れば、かつての「措置」という「行政処分」によって一方的に入所先が決定されるよりも、自己責任で「選べる」自由を行使できるという点で、良い制度だと思われるかもしれません。しかし、選べる自由が行使できる親は限られています。選ばれる施設側も、選ばれるために過度の「商品化」に走る可能性もあります。新制度の下、認定こども園等で認められた「上乗せ徴収」によって、英語や体操教室等の「教科」的な時間が保育メニューとして広がることも懸念されます。

また、幼保一体化に伴う保育環境の問題として、保育時間の異なる子どもが混在して生活する点があります。園に長くいる子どもが1日のうちに何回か〝引っ越し〟をして、別の保育者と過ごすという形態も広がりつつあります。とくに年少の乳幼児や発達に配慮の必要な子どもにとっては、場所が変わる、人が変わるということは大きな負担になることが心配されています。こうした保育の中味（質）をめぐる課題については、吟味のないまま、制度移行が本格化しました。

しかも新制度は、実施直前でも詳細がなかなか確定せず、実施後の市町村の対応にも混乱が見られました。「保育園落ちた」に始まる匿名のブログに共感が寄せられたように、待機児童問題は、むしろ深刻さを増しています。「子どもの最善の利益」という点から、新制度の動向を検証・検討していく必要があるでしょう。

4　格差社会の進行と「子どもの貧困」

２００７年の「子どもと家族を応援する日本」重点戦略には「ワークライフバランス」という用語が登場し、子育て支援に家族支援政策としての色彩が強調されるようになっていきます。この言葉は、父親も含めた働き方の見直しを言っています。それ自体に異論を唱える人は少ないでしょう。しかし、家族がどうバランスをとるか以前の問題として、非正規労働者問題等、とくに若年層で雇用問題が深刻化し、若い男女が新しい家族となること自体が阻まれる状況が進行しています。ワーキング・プア、ブラック企業など次々と新しいカタカナ用語が登場しているように、労働環境と庶民の生活基盤の劣化が表面化しています。

近年、日本の「相対的貧困率」注1が、ＯＥＣＤ加盟の30余か国のなかでもアメリカ・メキシコについで3～4位と高い値を示し、日本社会における格差や貧困が世界的にも突出していることも知られるようになってきました。とくに、18歳未満の子どもを対象とした数値（子どもの相対的貧困率）は、２０１２年度で16・３％です（２０１４年7月発表の厚生労働省が「国民生活基礎調査」を元に発表した数値）。6人に１人の割合ということになります（実際、文部省統計でも、学校教材費や給食費等の減免を受ける小中学生の比率が年々上昇し、２０１２年度は15・６％という値を示しています）。こうした子育て世帯の貧困問題は今日の虐待問題急増の背景のひとつでもあり、その対策は急務です。子どもの貧困対策推進法が２０１３年に全会一致で制定されたものの、実行力のある政策は未だ見えてきていません。

しかも、こうした社会状況は、「貧困」の定義から外れる子育て家庭にも影響を及ぼしているのではないかという点が気がかりです。というのも、格差不安から、子育てに対する親の緊張感が一層高まっているのではないかと考えられるからです。少し前から「家庭の教育力の低下」という言葉とは裏腹に、「教育する家族」（端的に言えば〝教育し過ぎる〟家族）の問題が指摘され（広田、1999）、少ない子どもに手間暇かける傾向が強くなってきている実態も指摘されていました注2。「格差」という現実が広く知られ出した今日、せめて自分の子どもだけは自分で守ってやりたいと必死な親の思いが強くなってきているのではないか―そのことは、親が子どもを追い詰めることに向かわないか、頑張る親を孤立へと追い立てないか―、懸念されるところです。

5　のぞまれる「育児の社会化」とは

網野（2000）は、1947年に制定された児童福祉法には、当初から、今日で言う育児の社会化の理念が内包されていたと指摘しました。その第1条には「すべて国民は、児童が心身ともに健やかに生まれ、且つ、育成されるよう努めなければならない」とあり、第2条には「国及び地方公共団体は、児童の保護者とともに、児童を心身ともに育成する責任を負う」とされているからです。1960年代から1970年代にかけて「ポストの数ほど保育所を」というスローガンの下、全国に広がった共同保育所運動は、親たちの共同的な運動の展開によって、保育所が就学前の子どもたちが健やかに育つ場であることを実践的に示してきました。「育児の社会化」を時代の要請に合わせて具体化する運動が、当事者によって切り開かれてきた例とも言えるでしょう。

一方、近年「育児（子育て）の社会化」という言葉を、政策側も積極的に使用するようになりました。しかし、公的責任を曖昧にした「社会化」の呼びかけは、「消費税」「福祉目的税」など、さまざまな名目による増税への合意形成手段ではないかと見るのは疑いすぎでしょうか。実際、第一次安倍内閣時代に成立した改正教育基本法（２００７年）に、「義務教育」等と並んで初めて「家庭教育」（第10条）の条項が立てられ、第1項に、生活習慣を身に付けさせるなど、子どもの教育の第一義的責任が親にあると明記されました（国や地方公共団体には、第2項でその後方支援に努めなければならないと記されたのみです）。これ以降も、子育ての「自己責任論」と懐古趣味的な家族愛が強調される風潮はむしろ強まっています。

しかし、核家族化の結果、これまでの家族の形態や機能が縮小する現代社会にあっては、家族の狭い枠を超えた人間関係や自然環境のなかで、子どもたちがおおらかに育つことが保障される環境・制度を社会的に考えていく必要があります。もちろん、子育て家庭への（労働時間短縮等の時間支援を含む）物的支援も必要でしょう。

6　いま発達支援に求められるもの

「まえがき」でもふれましたが、戦後の乳幼児健診は、１９６１年より始まった3歳児健康診査に「3歳児精密健康診査」が１９６３年から取り入れられて以降、早期発見を主眼として取り組まれてきましたが、やがて親子と接する最前線の母子保健スタッフ等が中心になり、早期対応の施策が整えられてきた経緯があります。とくに１９７７年に1歳6か月健診が市町村の事業となって以降、健診後の経過観察が「親子教室」等の名でなされてきていました。それが１９９１年に、国の補助事業である「乳幼児発達支援相談事業」としてとして位置づくことになり、早期発見・早期対応が常にセットで取り組まれること、さらには、障害が確定しない時期からの発達の支援が必要であることなどが、広く共通理解となっていきました（以上、詳しくは、近藤（2015）を参照してください)。

また、「心身障害児通園事業」(1972年)、「障害児保育事業実施要綱」(1974年)が厚生省より通知され、就学前児を対象とした障害児施策が国の事業として整備されました。障害児保育の広がりとともに、巡回相談が取り組まれていきます。巡回相談が全国に普及するなか、1980年代に入って保育の場での「ちょっと気になる子」、さらに1990年代には「(軽度)発達障害児」の存在が注目されはじめました。こうした幼児期の保育の場での子どもの姿を受け止めるなかで、健診や発達相談業務においても、保護者の困り感や育児不安に乳児期から寄り添うことや、幼児の昼間の生活の場であり育ちの場である保育所・幼稚園との連携が欠かせないことが明確になっていきました。

このように、3歳児健康診査が始まって50年余りが経過するなかで、必要な制度や事業が具体化されていきました。しかし、障害児の療育にかかわる制度については、既に1990年代の社会福祉基礎構造改革の名の下にさまざまな改変が始まりました。「心身障害児通園事業」は「障害児通園(デイサービス)事業」(1998年)に変わりますが、ここに支援費制度が導入されていきます(2003年)。この制度は、2000年に導入された介護保険制度にならって、施設(事業者)と利用者(子どもの場合は保護者)とが契約を結ぶことで、療育などの利用が可能になるという仕組みです。その後、障害児に関わる制度の一部が、障害者の福祉サービス「一元化」などを掲げた障害者自立支援法(2006年施行)のもとに位置づけられた後、再び、児童福祉法のもとに障害児通所支援のみが戻される(2010年)などの紆余曲折がありました。しかし、契約制度という点は引き継がれます(以上、詳しくは中村(2013)を参照してください)。直接契約制度は必ずしも、子ども・子育て新制度において、当初の案通りには貫徹していない形でスタートしたことは上で述べました。しかし、介護や障害者福祉の制度では、1990年代半ば以降の「社会福祉構造改革」によって、保育の分野に先んじて、事業者と利用者の契約制度が取り入れられてきているのです。

2010年の児童福祉法改正（2012年施行）では、障害児を対象とした事業として「障害児相談支援事業」と「保育所等訪問支援事業」とが創設されました（それを担うのは、従来からの障害児通園施設の再編などを経て位置づけられた児童発達支援センターや児童発達支援事業所です）。このうち「障害児相談支援事業」は、施設等への通所などの支援を希望する保護者が、その事業を利用して、障害児支援利用計画案―自治体にその支援の利用を申請し、支給決定を受け受給者証を発行してもらうために、持参を求められるもの―を作成してもらうことをさしています（介護保険の利用とほぼ同様の枠組みのシステムの導入）。また、「保育所等訪問支援事業」は、受給者証と支援計画を持った子どもの保護者と事業者との契約により、スタッフが子どもの在席する保育所・幼稚園を訪問し、子どもの発達支援をするという事業です。

発達支援メニューの利用に当たってこうした「契約」を結ぶということは、保護者の障害受容が前提となります。加えて、利用には、障害者自立支援法（2005年）で導入された「1割負担」という応益負担の原則が生きています。ここでいう「障害児」は障害者手帳の取得が必ずしも前提とされてはいませんが、発達障害の確定診断が学齢期以降の場合もあるという実情も考え合わせれば、契約制度の導入は、保護者の利用のハードルを心理面でも経済面でも高くしてしまっています。

すでに保育所・幼稚園での障害児保育の歴史があることからしても、施設・事業所等を「持っている専門的な知識・経験に基づき、子ども・子育て支援新制度やその他の一般的な施策をバックアップする後方支援として位置づけ、保育所等訪問支援等を積極的に活用して保育所等の育ちの場における障害児の支援に協力できるような体制づくりを進めていく」（障害児支援の在り方に関する検討会、2014）という事業の意義はわかりにくいものです。先に見たように、これまで、乳幼児健診やそのフォロー体制、障害児保育や巡回指導制度は多くの専門スタッフと親子の関わりのなかで営まれてきました。そのなかで、保護者どうしの支え合いも生まれ、子どもどうしの関わりあいも大切にされてきました（こうした事例については第4章をお読み下さい）。そうした成果に加えられる新しい制度として位置付いていくのか、それとも、契約制度に基づいて自己責任で個々の支援サービスを買うだけの制度という枠組みになりかねないのか、注意が必要です注3。

実際、放課後等デイサービス事業（児童福祉法改正後、新規開設によりその数が増加している）では、サービスを受ける学齢期の障害児が、曜日ごとに異なる支援の場を渡り歩いて過ごしているという話も耳にするようになりました。身近な支援の場が増えるのは良いことではありますが、数が増えることだけでは、一人ひとりの生活や発達の課題を見通した総合的な支援として機能するわけではありません。

今求められているのは、生活の場において、つながりのなかでこそ育つ子どもたちを、保護者を含めた大人のつながりが育むシステムではないでしょうか。新制度のもとでも、市町村が支援の必要な「障害児」の範囲を広く捉えた上で、保護者が心理的にも利用しやすいように、発達支援の制度を重層的に整備することを求めていく必要があります。新しい事業である発達支援事業等の関係者を巻き込んだ、いっそうの連携の輪のなかで、これまでの成果を生かす（守る）地域での具体化が課題となっています。新制度自体、見切り発車となった詳細部分の確定は事後に委ねられているとも言われています。「すべての子ども」「地域のなかで」「利用しやすい制度」といった言葉の中身を確かめ、幼稚園・保育所制度や他の子育て支援策などの動向も見極めながら、発達支援の必要な子どもたちとその家族のための制度の充実を、それぞれの地域から求めていきたいものです。

注1　ＯＥＣＤの基準を踏襲して、等価可処分所得（世帯の可処分所得を世帯人数の平方根で割って調整）の中央値の半分を貧困基準とし、それ（２０１２年度で１２２万円）を下回る世帯員の比率。

注2　首都圏の小中学生の保護者に対して実施した１９９８年から２０１１年までの調査４回の経年変化を見ると、教育産業による調査ではありますが、「教育に必要なお金はかけるようにしている」「子どもがすることを親が決めたり、手伝ったりすることがある」などの項目で、親の〝教育熱心さ〟が年を追って強くなる傾向が示されています（Benesse 教育研究開発センター、2012「第４回子育て基本生活調査報告書―小学生・中学生の保護者を対象に―」研究所報 65）。

注3　これまでの障害児加配が新制度の下でどうなるのかについてはなかなか明らかになりませんでしたが、内閣府による自治体向け説明会（２０１５年３月１０日）において、幼稚園・保育所等での障害児受け入れは、従来からの受け入れ人数を基本にした加配方式、すなわち、私学助成・障害児保育事業（一般財源化）による財政対応を基本とすると説明されました。

引用・参考文献

網野武博　2000「多様化する保育サービスの現状と課題―子育ての社会化に向けて」月刊福祉　83(3)　12-17
広田照幸　1999『日本人のしつけは衰退したか「教育する家族」のゆくえ』講談社
近藤直子　2015『〝ステキ〟をみつける保育・療育・子育て』全障研出版部
厚生労働省「次世代育成支援施策の在り方に関する研究会」2003「社会連帯による次世代育成支援に向けて」
中村尚子　2013『障害のある子どもとくらしと権利』全障研出版部
日本小児保健協会　2011「平成22年度幼児健康度調査報告」http://www.jschild.or.jp/book/pdf/2010_kenkochousa.pdf
瓜生淑子　2006「仕事と子育ての両立可能な社会への移行を見守るまなざし」清水民子・高橋登・西川由紀子・木下孝司編『保育実践と発達研究が出会うとき―まるごととらえる子どもと生活』かもがわ出版　143-158
全国保育団体連絡会・保育研究所『保育白書　２０１５年版』ひとなる書房

（瓜生　淑子）

第1章
乳幼児期の発達支援

1 乳幼児健診：支援の入り口

1 乳幼児健診とその役割

乳幼児健診（以下、健診）は、乳児期（0か月～1歳前までの時期）健診と、1歳6か月児健診、3歳児健診の総称です。日本では、1歳6か月児健診と3歳児健診は、全国どの地域に住んでいても、無料で受診できる制度として市町村が実施しています。乳児期の健診は、自治体によって異なりますが、3～4か月、9～10か月の時期に健康相談として、子育て全般の相談健診として実施されています。近年は、集団活動への参加の困難や知的な遅れをともなわない発達障害の把握と対応・支援を目的に「5歳児健診・相談」を実施している自治体もあります。

健診の目的は、乳幼児期の心身の健康や発達の状態を定期的に診査し、疾患や障害の可能性を早期に発見・把握し、対応することです。しかし今日では、それだけでなく、子どもの育ちと子どもを取り巻く環境（子育ての環境）への支援や子育てへの援助も、その目的に明確に位置づけられています。子どもの育ちや子育ての環境への支援として、身近な地域で親子が一緒に過ごせる「あそびの広場」などの子育て支援事業なども、健診とのつながりですすめられてきたものです。また、保護者の育児への援助として、子育てのなかで保護者が感じるさまざまな思いや気持ちを受けとめ、その家庭の子育てを支えていく役割も大切です。

1歳6か月児健診の発達スクリーニング（子どもの発達状態を把握し、判断すること）で、ある母親が「公園に行っても一人で走りまわるだけで、母親である私と一緒に遊んでくれない。普通、子どもは母親を求めて一緒に遊ぶものだと思っていたのに、何でうちの子はちがうのでしょうか」と、当時、自治体の発達相談員であった筆者に話されました。健診では、このようなお母さんの思いや心情を丁寧に受けとめ、子育てがうまくいかない不安や焦り、あるいは漠然とした「ちょっと気になること」など、子どもとの生活について一緒に考えていくことからはじまります。

2　子どもをとらえる視座

(1) 生活の様子をていねいに訊く

発達や障害は、生活や環境との相互作用で変化します。その意味でも、子どもがどのような人びとととどのような生活を過ごしているのか、といった家庭での生活の様子を把握することが重要です。

4か月健康相談会場で、子どもを床に寝かせてミルクを飲ませていたお母さんがいました。ほとんどのお母さんは、赤ちゃんを抱っこしてミルクを飲ませていますが、なかには床に寝かせて哺乳瓶でミルクを飲ませている方もいるのです。このお母さんと発達スクリーニングでお会いしたとき、「ミルクは床に寝た状態のほうがよく飲むのですか？」と訊ねてみました。すると、「この子は、床に寝かせないとミルクを飲まない。抱っこしてミルクを飲ませようとすると体を反り返らせ、嫌がって飲まないのです」と話されました。さらに、家庭での子どもとの生活の様子を聞かせてもらうと、ミルクを飲ませるとき以外でも抱っこを嫌がるということでした。

乳児期の初期は原始反射が優位であり、自分の姿勢を自分で変換することはできません。赤ちゃんは、毎日大人に抱っこされ、さまざまな体位をとらされる不安より、体で感じる「この人に抱っこされていることへの安心」を積み上げていきます。大人に抱っこされるという体に触れる身体感覚が、安心感をもたらすのです。しかし、なかには体に触れられることへの過敏性や抱っこという姿勢を不安に感じて、抱かれることを嫌がる子どもがいます。床に寝ている姿勢は、背中が床（人の手や腕のように硬さや温度が変わらない）に接地している状態のため、その感覚が安心できるのかもしれません。

今日では、自閉症スペクトラム障害（以下、ＡＳＤ）の基本的な症状として、感覚の特性（過敏や鈍麻など。以下、特性）が位置づけられています。前述した赤ちゃんは、その後の３歳児健診でＡＳＤと診断されました。これは15年前のことです。このような感覚の問題をもっていることをふまえるならば、「嫌がる抱っこに慣れるよう、抱き方を工夫する」という支援の方向を、根本から考えなおす必要があります。たとえば、日々の生活のなかで不安で苦痛な抱っこをされることによって、本来であれば安心感をよせるお母さんが、不快や嫌悪感をもたらす存在として位置づく可能性もあるからです。

しかし、このような感覚の問題があるからと言って、そのことだけで障害と結びつけることには、慎重でなければなりません。なぜなら、これらの問題は、子どもの日々の生活のなかで、さまざまなことと関連し変化していくからです。大切なことは、「床に寝ている状態」のどのようなことが、その子にとっての安心や安定になっているのか、なぜそのことを好んで選ぶのか（好選性）を、保護者と一緒に考えていくことです。

(2) 障害や発達の制約を過程としてとらえる

障害や発達の制約は、「生成―発展（顕在化）―消滅」の過程であらわれます。ダウン症などの染色体異常や先天性の障害、脳の器質的な障害（脳性麻痺など）は、多くの場合、健診月齢より前の時期（おおよそ3か月までには）に医療機関で診断されます。他方、軽い麻痺などの運動障害は、乳児期前半に消失する原始反射が残存し、特異な運動パターンへと発展していくなど、障害の予兆として把握されます。

一方、知的な遅れを伴わない発達障害は、育児環境や集団活動などの環境要因との関係なども含めた発達過程のなかで次第に顕在化していきます。ところで子どもは、日々の生活のなかで、機嫌が良く心理的に安定した状態と、機嫌が悪く不安定な状態を行き来していると考えることができます（浜谷、2004）。もちろん、この二つの状態は、はっきりと二分できるものではありません。ちょっと不安、すごく不安、いつも感じる不安もあれば、経験したことのない恐怖もあります。二つの間には、量的にも質的にもちがう状態があります。私たちもそうですが、子どもは自然と不安や嫌悪を回避し、人やものに接近し安心を求めようとします。「ものへのこだわり」も「集団の場から離れていくこと」もそのような接近や回避行動ととらえるならば、主体的な選択行動という見方ができます。周囲への不安や嫌悪状態が、安心できる状態を志向していくと考えれば、ＡＳＤ児の社会性の問題も「感覚の問題」との関連でとらえ直すことが大切になります。

感覚の過敏性は、不快や不安をもたらします。そして、そのことが、周囲や外界へ関心を向けることに制約をもたらします。しかし、これは不快や不安を回避し、快的状態や安心感を志向していると考えることもできます。安心感があれば、周囲や外界へ関心を向けることもできるのではないでしょうか。

(3) 発達を可能性としてとらえる

健診の場で、子どもはもっている力を100パーセント発揮してくれるとは限りません。1歳6か月健診で実施している発達スクリーニング課題に、積み木を6個積む課題や、「いぬはどれですか?」と問い、子どもが指さしで応える課題があります。慣れない人と対面して応答するという一定の条件のなかで、もっている力を発揮できる子どももいれば、発揮できない子どももいます。そもそも、一回の発達スクリーニングだけで、完璧に障害やその可能性を把握することは難しいのです。「今、ここで、これができなければ問題がある」という見方ではなく、「たまたま今日はできなかったのかもしれない」という可能性もふまえてスクリーニングの結果を考えるべきです。他方、ふだんの生活では目にしない力を発揮することもあります。やったことがないにもかかわらず、指さしで応答できたりすることもあるのです。

このように、発達の力は、さまざまな場面や状況によってそのあらわれ方も力の発揮の仕方も違う、ということに立ち返って健診を考えることが大切なのではないでしょうか。

そのように考えると、子どもや保護者が過ごしている生活を想像し、発達をひとつの状態としてとらえて、潜在的な力や可能性を想像しながら、相談や援助を行うことが大切になります。

3 支援につながる糸口

(1) 健診に来られる保護者の気持ち

健診を受診する保護者は、どのような気持ちで来所するのでしょう。「健診って何をするのだろう?」「何をみられるのだろう?」といった健診への疑問・不安や、「わが子は、ちゃんと成長しているだろうか?」「最近ミルクをあまり飲まなくなったけど大丈夫だろうか?」「自分の子育てはこれでいいのだろうか?」など、保護者は実にさまざまな思いや気持ちをもって健診に来られます。

また、自治体の集団健診では、待ち時間に他のお子さんを目にすることにもなります。同年齢の子どもの姿を目にするのははじめて、という保護者もいます。1歳6か月健診で「健診に来てまわりの子がちゃんとしているのを見て不安になった」お母さんがいました。「会場でひとり走り回り、呼んでも私のところへ戻ってこない我が子を見て、それまで感じなかった不安を感じた」と、面接場面で話されました。このように、思いもよらない形で不安や心配になることもあります。

このお母さんは面接で語ってくれましたが、だれもがその心配を語ってくれるわけではありません。同じことでも、「わが子は何か問題があるのではないか」と考える方もいれば、「別に問題ないだろう」と考える方もいます。また、ちょっとした時間の経過のなかで気持ちも変わります。気になりながらも、「大丈夫だろう、でも、ひょっとしたら……」という気持ちの揺れ動きが、健診の数時間のなかでもあります。しかし、多くの保護者は、このような気持ちの揺れ動きがあるにしても、健診で何か言われたり、指摘されることを想定してはいません。

健診に従事する者は、健診がこのような揺れ動く保護者の気持ちを想像し、保護者が日々の子育てのなかで感じているさまざまな思いや気持ちを安心して話せる場であることを、改めて確認したいと思います。

(2) 子育ての苦労や「たいへんさ」への共感

日々の子育ては、子どもと保護者との相互関係で営まれています。その日の気分や体調、子どもの気質や性格もまちまちです。保護者の性格や物事の感じ方も異なります。また、このあいだうまくいったことが今日もうまくいくとは限りません。このあたりまえのことも、子どもと向きあいすぎていると忘れてしまいます。健診は、保護者の子育ての苦労やなかなかうまくいかない気持ちをねぎらうことから始まります。

保護者の性格やそれまでの経験などによって、心配なことや聞いてみたいことを気兼ねせず相談される方もいますが、反対に、人に聞いたり相談することが苦手な方もいます。相談することに抵抗を感じている場合、「心配なことはありますか?」という問いかけでは、気になっていることが表現されないことがあります。訊ね方によって、気になっていることや心配なことの表現も変わります。

大型スーパーに買い物に行くと子どもが店内を走りまわり、ラップされた食品を指で突いてまわることも、心配事として表現されないことがあります。それは「困ること」ではあっても、心配事ではないのです。また、困ると感じるより「自分がたいへん」だと感じている場合もあります。そして、たいへんだと感じていても「相談するほどのこと」ではないのです。もちろん「どうしたらいいか」相談される方もいますが、なかには、心配事や困り事は解決すべきことであり、「たいへんなだけで、それは子育てでは仕方がないこと」なので、相談してなんとかなるものではないと考えている方もいるのです。

同じことでも、「なんとかしたい」という気持ちから表現されているのか、「子育てのたいへんさ」として表現されているのかを、限られた時間内で捉えることはなかなか難しいことです。しかし、健診従事者や援助者が、保護者自身の語りの一つひとつに共感的に応答することは、その後の支援の糸口につながります。

(3) 生活を想像し、保護者の主観的世界を理解する

日々の生活のなかで子どもとどのように過ごし、その具体的な生活のなかで生じる気持ちを想像することは、「その人の感覚や考え」という相手の主観的世界を理解しようとすることにつながります。

ＡＳＤのお子さんを育てられてきたお母さんから、乳幼児健診や発達支援を受けていたことについての気持ちを聞かせていただきました（小渕、2014）。以下は、そのお母さんの語りです。

1歳6か月児健診で保健師さんから、うちの子は親と一緒に遊べない、一人でいても不安にならないこともちょっと気になる、と言われました。子どもは一人で遊ぶものじゃないか、と思っていたし、一人が好きな子もいるのに、何でそのことを問題だと言うのか理解できませんでした。一つのものでしか遊ばないことを話したら、それはこだわりじゃないか、と言われ、大好きなもので遊ぶことの何が問題なのか、全くわかりませんでした。私はこの子のことがよくわかるし、私も一人でいるのが好きだから、それを問題と言われると、自分が問題なのか、と段々腹立たしくなってきました。発達相談を勧められて、行くたびに、このように関わってみたらどうかとか、いろいろ心配していないのに言われ、相談に行くのが苦痛でした。

この子が幼稚園に入り、4歳下の弟が生まれました。男の子だからか、私にベタベタ抱っこされようとしたり、いろいろな物へ興味があってウロウロするので目が離せずたいへんでした。それに、私におもちゃを持ってきて一緒に遊ぼうとするので、たいへん手がかかる子だと思いました。この子のことで手がかかり、1歳6か月児健診でそのことを相談しました。そうしたら、この子の発達は問題ないと言われ、この時期の子どもはこういう行動をするものだと説明され、その瞬間、私が普通と思っていたことが反対だったことに気づいたのです。

このお母さん自身もＡＳＤでした。弟が生まれて姉とのちがいに気づき、そのことで自分も上の子と同じだと思った、と話されました。

ＡＳＤをもつ保護者のこの事例は、その人の主観的世界を理解することが支援につながる糸口になることを示唆しています。支援において、まず大切なことは、その方が「そのことをどのようなことによって、そのように思ったのか、感じたのか」という相手の主観を理解することです（小渕、2012）。ストレスが高いときに援助者から援助的な言動を受ければ受けるほど、母親には負担になり（北川他、1995）、そのことが援助を拒否する形で表現されることもあります。このことはＡＳＤの早期支援において、子どもの発達への支援以上に、保護者への子育て支援として重要な意味があるという指摘（長南、2014）とも重なります。

(4) 生活と発達をつなぐ支援

保護者は、子どもの行動や発達に何らかの気づきがあっても、発達上の特徴として理解するにはさまざまな困難があります（田丸、2010）。また「健診時、気になることはあっても相談するには至らなかった方が多い」という調査結果もあります（前田他、2009：小渕、2014）。つまり、それは、そのような行動を子どもがするということであって、そのことが発達や障害などに起因するとは考えにくいということです。他方、何か少し気になることがあると、さまざまな情報やチェックリストなどに当てはめて「障害ではないか」と結びつけて考える方もいます。

ＡＳＤ児の乳幼児期の生活のなかで保護者が気になっていること、理由がわからない子どもの行動は、多岐にわたります。３歳児健診までに保護者が気になっていることや心配事を整理し分類した結果、ＡＳＤ児は乳児期の姿勢や運動、感覚の問題が基盤となって、幼児期に行動レベルの問題があらわれてくることが特徴としてありました（小渕、2007）。

このことに関連して、前述した長南（2014）も、ＡＳＤ児者の50～70％が、何らかの感覚の問題をもっている可能性を指摘しています。しかし、感覚の問題は、個人差や状況によって感じる閾値もちがい、その人にとってはそれが「フツウ」であるため、自分の感覚を「問題」だと感じて相談することもまれです。一般的に私たちは、自分が感じる感覚をあたりまえと感じています。

自分が感じた「おいしさ」を、他者が同じように感じることはできません。だからこそ、お互いの主観を共有することが他者を理解する上では大切になります。「好きなポテトフライを口の中にずっと溜め込んだまま飲み込まない」「揚げたてのフライは食べないのに、時間が経ってさめてフニャッとしたフライは食べる」「ストローでは飲めてもコップで飲めない」など、なぜそうなのかは他者には理解しがたいのです。多くの保護者は、これらのことを「なんかちょっと変わっているな」と感じても、健診でこのことを相談してみようとは考えつきません。保護者は感覚の問題や乳児期のＡＳＤ児の気になる行動を、「心配なこと、相談したいこと」と考えていないことのほうが多いのです。

保護者との面接では、訊ね方によって保護者が子どもについて表現することが異なります。「普段の生活のなかで、この子ちょっと変わったことするなぁと感じたり、不思議だなぁと思うことはありますか」などの訊き方をすることで、「そう言えば……」と表現されることがあります。

このように、支援につながる糸口は、何か一つの決まったマニュアルがあるわけではありません。保護者一人ひとり、感じ方、理解の仕方が異なります。支援につながる糸口は、多様なかたちで複数あるのです。

一回性である健診での出会いは、その後の援助関係に大きく影響します。一般的に自治体で実施されている集団健診は、保健師や歯科衛生士、栄養士や心理職など、複数の専門職が子どもと保護者にかかわります。

待合室での親子の様子や待ち時間の子どもとの過ごし方、他のお母さん方との関わりや、他の子どもと遊ぶ姿は、保護者のさまざまなナラティブ（語り、表現）ととらえることができます。緊張した表情で順番を待っているお母さんは、何に対して緊張しているのでしょうか。それに反して、子どもは一人走り回っていることもあるでしょう。お母さんは、走り回るわが子をどのような気持ちでみているのでしょう。「落ち着きがない、多動」という見方も可能ではありません。しかし、この子どものこの行動（表現）は、たくさんの子どもやおとながいることがうれしくて走り回るという表現の仕方をしている、という見方もできます。それは、その子の表情をみれば一目瞭然です。まわりの子どもやお母さんを見ては、うれしそうに笑っています。しかし、お母さんは笑いかけてくるわが子に笑い返さず、かたい表情のまま、じっと睨み続けています。「周囲の人は、この子をどのようにみているのだろうか」「母親である私はどのようにみられているのだろうか」など、周囲のまなざしが気になっているのかもしれません。

健診でこのような光景を目にすると、いろいろな想像が立ち上がります。健診では、お母さんが思っていることとは異なる見方や考え方もあること、こんなふうにも考えられるのではないかといった多様な子どもの見方を、健診従事者、援助者は伝えたいものです。障害や行動の特徴から、パターン化した子ども理解の仕方を伝えるのではなく、「こういう理解の仕方もありうるかもしれない、こういう可能性もある」という多面的な理解の仕方、見方を保護者と一緒に深めていける援助者でありたいものです。

（小渕　隆司）

引用・参考文献

長南幸恵　2014　「ＡＳＤ児者の感覚特性（過敏と鈍麻）に関する国内研究の動向」自閉症スペクトラム研究　12(1)　29-39

浜谷直人　2004　『困難をかかえた子どもを育てる』新読書社

北川憲明・七木田敦・今塩屋隼男　1995　「障害幼児を育てる母親のソーシャル・サポートの影響」特殊教育学研究　33(1)　35-44

前田明日香・荒井庸子・井上洋平・張鋭・荒木美知子　2009　「自閉症スペクトラム児と親の支援に関する調査研究」立命館人間科学研究　19　29-41

小渕隆司　2007　「広汎性発達障害幼児の早期予兆と支援―乳幼児健康相談・健診における親からの訴え（心配事）の分析」障害者問題研究　34(4)　58-67

小渕隆司　2012　「乳幼児期の自閉症と保育・療育の課題」奥住秀之・白石正久編著『自閉症の理解と発達保障』全障研出版部　156-174

小渕隆司・戸田竜也　2014　「特別な支援を要する児童生徒の乳幼児期の支援ニーズに関する調査研究―本州1市、道東4町の比較調査研究（第1報）」へき地教育研究　68　79-93

田丸尚美　2010　『乳幼児健診と心理相談』大月書店

2 親子教室・療育教室における支援：2、3歳頃を中心に

親子教室・療育教室は、乳幼児健診での早期発見に次ぐ、子どもや保護者への支援の場、つまり、早期対応の場です。多くは2、3歳頃の未就園児への対応の場になります。

親子教室は、乳幼児健診で発達上の課題が把握された子どもを支援に結びつけ、次の専門的な療育教室への選択へとつなげることを目的と役割とし、取り組まれてきました。1、2歳の時期には、障害に発展するのか、気になる発達特性はあるが個性の範囲内で育つのか確定できない子どもも含まれること、そして、保護者は「少し発達がゆっくり」「何かがちがう」とは気づいていても、わが子に障害があるとは思っていない段階であることから、心理的ハードルが低い母子保健や子育て支援に位置づけられた親子教室で、親子が利用しやすく、かつ必要な療育内容が提供できるよう、それぞれの市町村で工夫されています。一方、療育教室は、比較的、障害が重い子どもたちが日々通園する場として発展し、今日では児童発達支援センター（旧通園施設）および児童発達支援事業所（旧児童デイサービス）として位置づけられています。

近年、知的遅れが顕著でない発達障害児、あるいは発達障害とは言えないが何らかの発達上の課題がある児童（以下、要発達支援児）が早期に乳幼児健診で発見されるようになり、その後の対応をどう保障していくかが課題

となってきました。そうしたなかで、発達障害者支援法が施行されたことを契機に、これらの子どもたちとその保護者に療育教室の利用対象を拡げる地域もあれば、親子教室を積極的に位置づけて対応する地域も増えてきました。

この章では、親子教室や療育教室での支援を取り上げ、幼児期前期、2、3歳頃の発達支援が必要な子どもの理解と発達支援、保護者への子育て支援を考えたいと思います。

1 療育教室での実践から

2、3歳頃までの発達支援が必要な子どもが抱える困難と支援を考えるにあたって、まず、筆者が療育教室で発達相談を担当したマコトくん（仮名）の事例をあげます。マコトくんは、2歳6か月児健診での保護者からの訴えを機に発達相談につながり、2歳10か月頃より療育教室を利用しました。その1年間の様子から述べます。

マコトくんは、乳児期から激しい夜泣きがありました。一度泣くとなかなか泣き止まず、両親ともに眠れない日々が続いたため、夜中にドライブをして寝かせたり、近所に住む祖母に助けを求めたりすることもしばしばでした。しかし、10か月児健診では、夜泣きについての訴えは特になく、経過がゆっくりだった運動発達についてのみ、様子を見ることになりました。その後、1歳を過ぎると、夜泣きは以前に比べるとおさまってきたものの、母の姿が見えなかったり、思うようにならなかったりするときなどに、激しく泣くようになりました。お母さんは「自分の意志が強い子」と捉え、子どもに合わせてかかわっていたそうです。

1歳半健診では、積木や指さしといった課題はできるものの、保健師の問いかけに視線を合わせたり、自分がした結果に対しておとなに共感を求めたりする姿は、あまりみられませんでした。また、「おしまいにしようね」と課題をひとつ片付けると泣き、次が出てきて泣き止むことを繰り返し、次への期待よりも不安が高い様子が伺えました。家庭では、要求するときに指さしよりも叫ぶといった姿もあり、対人関係・コミュニケーションの面で経過観察となりました。乳幼児健診スタッフは、マコトくんが不安よりもおとなと一緒に遊ぶ楽しさを感じられるよう、かかわり方をアドバイスし、次の健診でコミュニケーションの育ちについて確認することを伝えました。

次の2歳6か月児健診では、1歳半健診で主訴がほとんどなかったお母さんから、「偏食が激しい」「新しい服や靴が受け入れにくい」「シャワーが苦手」「子育て広場などの集団の場に馴染めず大泣きしてしまう」といった、毎日の生活上の困難と集団場面で見せる姿に対して心配が挙げられました。「幼稚園に行くまでに経験を広げるためにはどうすればよいですか?」というお母さんの質問に、乳幼児健診スタッフは「子どものペースで過ごすことを保障できる集団で経験を積みましょう」と、筆者の勤務する療育教室を紹介しました。

2歳10か月頃から、マコトくんは週2日、親子で療育教室に通い始めました。

マコトくんが通う療育教室では、週2日のうち、親子保育日と単独保育日がありました。入所直後は、新しい環境と人間関係への不安が高まるため、親子保育からスタートします。マコトくんは、同じクラスの子どもたちの動きに不安そうな表情を浮かべるものの、母の存在を度々確認しながら、療育教室での遊びや生活を少しずつ経験していきました。散歩先の公園での砂遊びでは、手足に砂や土がつくのが嫌いで不安そうな表情をしていても、お母さんに「砂入れるよ」

と促されるとすぐに応じます。遊びはしても、それをしたいと思っているのかどうか、ほんとうにしたいことは何かがつかみにくく、療育スタッフは、マコトくんの思いを探りながらかかわっていました。

初めての単独保育では、母を求めて泣きました。自分のしたい遊びは見つけられず、保育者のそばで友だちの様子をじっと見て過ごしていました。不安な様子で、「いま、なんじ?」「おかあさんは?」と尋ねる姿もありました。通所を重ねるなかで、すべり台からカラーボールを転がしては集めたり、色の名前を保育者に言うことが嬉しくなったり、砂や泥など苦手な感触遊びでもスコップでなら遊べるようになったりと、繰り返し同じ遊びを経験するなかで、はじめこそ促されることもありましたが、自分でできたと実感し、おとなに認めてもらうことで手応えを積み重ねていきました。

療育教室入所から半年がすぎました。

3歳前半、入所から半年が過ぎ、自分の思いが育ち、おとなに伝えたい思いも育ってきたマコトくん。単独保育日には、苦手な給食場面で、実際はあまり食べていなくても、保育者に「マコトは、いっしょうけんめい食べてるんだよ」と話したり、散歩の道中で大好きな乗り物の話を話したりするなど、保育者に言葉で伝える姿が増えてきました。その反面、親子保育日には、できないと感じて気持ちが崩れてくると、わざと帽子を落としてお母さんに拾ってもらったりして、母との関係では発達が後戻りしたような姿を見せるようになりました。保育者は、帽子を落とすという行動に注目しすぎないようにし、マコトくんなりの思いを受け止めつつ、マコトくんにわかりやすく次の見通しを知らせるようにしていきました。また、マコトくんが身体をつかって思い切り遊んだり、お母さんや保育者と一緒に遊ぶ楽しさを重ねるなかで、マコトくんにとっての母の存在は、自分のことをしてくれる人ではなく、自分と一緒に楽しむ人になってきました。

さらに、この頃から自分にできないと感じるときは、「マコトははけない、せんせいがするんだよ」と保育者の手を引っ張り、着替えを手伝ってほしがるなど、母に対してだけでなく保育者にも思いを伝えるようになりました。

3歳後半、入所から10か月が過ぎ、「マコトな、ここ（療育教室の名前）が好き」と話したり、帰り道で「もっと遊びたかった」とお母さんに訴えるなど、療育教室での遊びや生活に自ら期待をもって過ごし、自分の思いを相手に堂々と伝えるようになってきました。生活面では、偏食や排泄の自立が進みにくいなどの課題が解決するには至りませんでしたが、保育者に対して「これ食べる」と自分の食べられるものを告げたり、「おむつでする」と自分が安心する方法で排泄することを伝えるようにもなってきました。

療育教室の発達相談でも、3歳での相談では、知的な遅れはみられないものの、お母さんからの指示を待って課題に取り組む姿がありました。また、できたと感じたときもお母さんだけを見返すことが多く、母以外の大人へ伝える姿があまりみられませんでした。しかし、3歳9か月時の発達相談では、自分からこれをやるという意志を見せて取り組み、お母さんだけでなく検査者を見返す姿が多くみられるようになりました。また、うまくできなかった際にも、検査者の手本を見て自分のやり方を変えてみようとするなど、人とのやりとりのなかで、不安にならずに向き合える姿がみられるようになってきました。

療育教室の卒業から半年後、お母さんが久しぶりに教室に顔を出してくださいました。「『保育園になったら、トイレでおしっこする』って本人が決めていたんです。そしたら、保育園に入園した次の日から本当にトイレでおしっこをするようになりました。排泄が自立できるまで長くかかりましたが、自分で決めてちゃんとできるようになったのがマコトらしいなと思っています」

2　乳児期から2、3歳頃の子どもの発達と支援

ここからは、乳児期から２、３歳頃までの発達のみちすじと、発達障害児や要発達支援児がもつ困難やそれに対する支援について、マコトくんの事例に即して述べます。

⑴ 乳児期の子どもの発達課題

発達障害児や要発達支援児の場合、乳児期から生理的基盤の整いにくさを抱えながら成長している子どもが多くみられます。身体の反りやすさや柔らかさから、おとなが抱っこしづらい、まとまって寝てくれないなどの姿です。また、感覚の鋭敏さから、寝つきが悪い、夜泣きが続く、離乳食を嫌がるなどの生活のしづらさもあります。このように、生活年齢は幼児期になっていても、乳児期の課題を残している場合があります。

たいていの場合、親子教室や療育教室の利用を開始するのは生活年齢２、３歳頃ですが、このような乳児期の課題を残しつつも、色や形、ことばなどの認知面では幼児期の力量を獲得していることも少なくありません。そのため、乳児期から幼児期の発達のみちすじをとらえ、乳児期の課題をおさえながら幼児期としての育ちを支援していくことが必要となります。

幼児期の発達に入る前に、まず乳児期後半（通常６、７か月頃〜１歳頃）の発達から述べ、幼児期の対人交流の土台となる力を獲得するプロセスと、そこで発達障害児や要発達支援児が抱えやすい課題について述べます。

生後8か月頃の不安と愛着形成

通常、生後8か月頃には、母親をはじめとする子どもにとって安心できるおとな、知っている場所、いつも見ている物などを認識するようになります。それとともに、知らないことへの不安を持ちます。いわゆる、人見知り、場所見知りといった姿です。このような外界への不安から起きる人見知り、場所見知りはどの子どもにもみられますが、安心できるおとなに寄り添ってもらうことで、外界への不安が軽減するとともに、安心できるおとなへの信頼感を高めます。しかし、発達障害児や要発達支援児の場合、外界への不安が長く続く、頻度が多いなど、何らかの形で不安が続き、安心できるおとなとの関係をつくりにくい状況があります。

生後10か月頃の発達の力

生後8か月頃の不安を越え、安心できるおとなへの信頼感が増してくると、そのおとながしていることをよく見るようになったり、おとながふだん使用している財布などの物が気になったりしはじめます。そして、簡単な動作であれば真似をしたり、財布を開けようとするなどのいたずらも増えてきます。こうした生後10か月頃に獲得する物を媒介とした模倣や、子どもが他者と何らかの対象への経験をともにする三項関係の成立が、後々、通常生後1歳半頃に獲得する、ことばや対人交流の土台となります。

一方、発達障害児や要発達支援児の場合、物に対しての興味が強く、おとなのしていることに興味を向けにくい、その結果、模倣がみられにくい、ほめられても見返さないといった姿になりがちです。そのため、この力が充実しないまま幼児期となった場合、自分なりの目的や関心はもっていますが、それを人に伝えようとすることが少なく、自己完結する傾向がみられます。事例のマコトくんも、1歳半健診では、指示されたことに応じるものの、できた結果を伝えるような見返しはあまりみられませんでした。おとなと一緒のことがしたいという気持ち、おとなにほめられたり寄り添ってもらったりすることが嬉しいという気持ちを育てることに焦点を当て、支援をしていくことが必要になります。

(2) 乳児期から幼児期への質的転換期（1歳半頃の子どもの発達課題）

生後1歳半頃には、「歩行、道具操作、話し言葉」という、乳児期にはみられなかった力を子どもは獲得し、乳児期から幼児期へと質的な変化をみせます。また、この乳児期から幼児期への質的転換期には、自分なりの意図（つもり）も同時に育っていきます。意図が育ってくると、多少、自分の思いとは違っていても、次の行動や目的へと切り替える力もついていきます。

しかし、発達障害児や要発達支援児の場合、幼児期への質的転換期において、丁寧な支援が必要な子どもが多くみられます。例えば、ことばや指さしといった伝達手段がみられるようになっても自分のしたいことを伝えようとしない、目的をもった行動が広がりにくいなどの姿です。事例のマコトくんも、療育教室の入園直後はしたい遊びが見つけられず、お母さんの指示に応じて遊ぶ姿がありました。指示に応じてしたことも「～したね」と保育者に声をかけてもらったり、マコトくんなりに興味をもった遊びを何度もやってみたりするなかで、自分のしたい遊びへと変化しました。子どもがしていることに対して、おとなが繰り返し言葉で意味づけながら一緒に楽しむことが、自分のしたいことを楽しむマコトくんの姿へとつながっていったのではないかと思います。

(3) 2、3歳頃の子どもの発達課題

通常2、3歳頃は、1歳半頃から育ってくる自分のつもり（意図）が広がり、わかること、できることが増え、

「○○して……する」「こうやってする」と自分なりの見通しややり方をもつようになります。また、おとなや友だちがしていることをモデルに、自分も同じようにやってみようとします。そのなかで言葉を用いて伝えようとすることも増え、二語文、三語文を話すなど、話し言葉でやりとりする相手も広がっていきます。一方で、自分のわからないことやできないことに対しては、不安を感じたり、「イヤ」と拒否したりする姿がみられやすくなります。この時期の子どもは、「イヤ」「これがいい」と自分の思いを主張し、その主張がときには強く出る場合もあるため、おとなにとっては育児上のやりにくさを感じる時期です。しかし、自分の不安やできないと感じて揺れる気持ちに対しておとなに寄り添ってもらい次の見通しがもてるようになると、その不安を少しずつ越えていきます。

発達障害児や要発達支援児も、自分なりの見通しがもてるようになってくると、逆に見通しがもてないことへの不安がでてきます。たとえば、わかることのみに没頭する姿などです。また、人への関心の低さからおとなや友だちのしていることをモデルにしにくい場合もあれば、逆に周りの状況をとらえようとして不必要な情報も敏感にキャッチし、不安が強まり場所や人に慣れにくい場合もあります。こうした姿は「自分のしたいことをしているだけ」ととらえられがちです。

発達障害児や要発達支援児は、話し言葉でうまく伝えられないため、わからないことや不安に思っていることをわかってもらえず、困っているのです。事例のマコトくんが母に帽子を投げて拾ってもらっていた姿も、おとなにかかわってほしいという思いが育ってきたものの、話し言葉で「あそぼう」「〜して」と言葉で伝えることにはまだ自信をもてず、自分なりに思いを伝えた姿ととらえられるのではないでしょうか。一方で、自分なりに手応えを感じていた給食では、「マコトはいっしょうけんめい食べてるんだよ」と話し、言葉で伝えていました。

保育者は、投げたことではなく、投げることで伝えたかった思いに注目し、おとなにかかわりを求めるマコトくんの気持ちへと寄り添っていきました。また、自分なりにできたと感じていることには言葉で返して共感していきました。どちらの表現にも、マコトくんなりの思いがあることに依拠し、それを受け止めていったことが、自分の思いが伝わるという彼の実感につながったのではないかと思います。

3　親子が〝つながる〟ための発達支援とは

2、3歳頃に親子教室や療育教室に出会うことは、発達障害児や要発達支援児とその保護者にとっては、さまざまな支援とつながっていく一歩になります。子どもにとっては、親子教室や療育教室で、自分がしたい遊びを広げること、また、おとなとの信頼関係を築いた経験をすることが、幼稚園や保育園といった次の集団で過ごす際の土台となるのではないかと思います。

次に保護者への支援です。先のマコトくんの事例のように、子どもの生活のしづらさを、育てる側のおとなは「育てにくさ」として感じます。いつまで続くのか見通しがもちにくいがゆえに、保護者の心身の疲労につながります（第3章1参照）。だからこそ、親子教室や療育教室で保護者自身がサポートされた安心感をもつことが大切です。発達障害に対する情報があふれるなか、子どもの状態像をどのように捉えてよいのかがつかめず不安になる保護者もいます。発達障害の特性を知ることも必要ですが、まずは、保護者が集団のなかで楽しむ子どもの姿を見ることで、「わが子が集団のなかでも楽しく過ごせるんだ」と安心できること、保護者が保育者など療育スタッフと子育ての悩みを相談できてよかったと思えることが必要でしょう。

なお、支援する機関については、親子教室であったり療育教室であったり、各地域の療育システムによって異なりますが、その地域の実情に合わせ、関係機関が連携しながら支援を行っている点では共通しています。療育システムは違っても、これまで述べたような支援を行い親子ともに心地よく過ごせることが、親子関係を安定させ、親子を結びつけることにつながります。幼稚園や保育園など、次に過ごす集団でも子どもが自分らしく過ごせる土台づくりになるよう、また、親子ともにこれからの出会う人との信頼を築く際の土台となるような丁寧なかかわりを積み上げたいものです。

引用・参考文献

近藤直子・白石正久編　2003『障害乳幼児の地域療育』全障研出版部
近藤直子・全国発達支援通園事業連絡協議会編著　2013『ていねいな子育てと保育―児童発達支援事業の療育実践』クリエイツかもがわ
西原睦子　2011「大津市における障害の早期発見と療育システムの考察―要発達支援児への療育システムの試みを中心に」障害者問題研究　39(3)　17-24
白石正久　2014『発達と指導をつむぐ　教育と療育のための試論』全障研出版部
白石正久・白石恵理子編　2009『教育と保育のための発達診断』全障研出版部
田中昌人・田中杉恵　1984『子どもの発達と診断３　幼児期Ⅰ』大月書店
全国保育問題研究協議会編　2011『困難をかかえる子どもに寄り添い共に育ち合う保育』新読書社

（別所　尚子）

3 保育園・幼稚園における支援

保育園・幼稚園は、地域にある最も身近な幼児のための集団生活の場であり、就学前に通う場です。幼稚園児にとっては、入園が在宅生活から初めての集団生活へ、家庭保育から幼児教育への転換期となり、保育園児にとっては、3歳児クラスになると、構成人数や保育士の配置基準が大きく変わり、乳児保育から幼児保育への転換点となります。子どもは、生活の変わり目で、新たな人との関係をむすび経験をしながら、自らの人格を形成していく営み（以下、自分づくり）をしていきます。

ところが発達障害児、あるいは発達障害とは言えないが何らかの発達支援を必要とする児童（以下、要発達支援児）の多くは、社会生活との関係で発達上の課題が顕在化したり大きくなったりします。そして、それを初めて経験するのが保育園・幼稚園です。子どもはもとより、園も保護者も戸惑い、どうしたらいいか深刻な悩みを抱えます。さらに、近年、知的遅れが顕著でないため乳幼児健診では発達上の課題を指摘されずに入園してきた発達障害児や、従来の障害児保育の対象にはならない要発達支援児が増えており、そうした子どもたちとその保護者への支援ニーズが高まっています[注1]。

本章では、発達障害児や要発達支援児にとって、なぜ幼児期は集団生活との関係で葛藤が生じ強まるのかを述べます。そして、生活の変化や新たな人との関係で生じる葛藤を、子どもがその人たちとのつながりをつくることを通して、自分づくりをすすめる契機にしていけるような保育について、3歳～5歳児期の発達の道すじに即して考えます。

1　入園・進級が引き起こす葛藤

幼児期には子ども自身が進路を決めるという重大な選択や決断ができないため、保護者が子どもの代わりに保育園や幼稚園に入園する時期や園を決めます。子どもからすれば、「～したい」という意図（以下、つもり）を拡大する時期に、明確なつもりや憧れがないところから園生活がスタートする、そのことが子どもによっては葛藤を引き起こすことになります。

こうした状況から生じる子どもの戸惑いや不安を軽減するため、家庭から園への接続をめぐって、幼稚園では就園前の親子教室を開催し、「この先生、見たことある」「この遊びした」と子どもが安心して園生活をスタートできるよう工夫がなされています注2。このような事前の手立てと、一人ひとりの思いに寄り添い、明日も「園に行きたい」と思えるような遊びと生活が準備されることで、2、3か月もすると子どもたちの入園直後の緊張や不安が軽減し、心身が解き放たれたように遊ぶようになるのです。

そうしたなかで、集団から飛び出す、友だちを叩いてしまう、自由遊びになるとどうしていいかわからない、場面緘黙など、表し方はさまざまですが、入園時の不安や緊張が軽減されず、それを抱えたまま過ごす子どもがいます。昨今はそうした子どもがクラスに複数いて、そのなかに発達障害児や要発達支援児が多く含まれることも珍しくありません。

では、入園後の不安や葛藤を、幼児期の子どもたちはどのように解決して、初めての集団生活を自分のものとし、自分づくりを進める糧にしていくのでしょうか。そのプロセスをたどることは、発達障害児・要発達支援児がどこに発達のつまずきやすやり残しがあり、それに対し支援者がどのように手立てを打ったらよいのかを考えるのに役立ちます。そこで、まず、在宅から幼稚園に入園した事例にもとづき考えてみましょう。

以下は、知的遅れがなく乳幼児健診の発達スクリーニングでは問題がみられなかったことから、療育を経過せずに4歳で幼稚園に入園したアキラくん（仮名）の事例です。筆者は園からの紹介で発達相談を担当しました。アキラくんは入園後に、医療機関で自閉スペクトラム症と診断されています。なお、個人情報保護の観点から個人が特定されないよう細部に修正を加えています。

アキラくんは、4歳で幼稚園に入園してしばらくすると、担任の先生が他児にかかわるちょっとした合間に、友だちを叩いたり物を投げたりするようになりました。ある日、たまたま投げた積み木が友だちに当たってケガをするという事態になり、それ以来、主任教諭がアキラくんに個別に対応することになりました。しかし、アキラくんの状況は一進一退。周りの保護者からの突き刺さるような視線や配慮のないことばに、お母さんが気力を失うのではないかと園の先生が心配するほどでした。

そんな折に、幼稚園から紹介され、お母さんが子育て支援センターの外来発達相談を申し込んでこられました。早速幼稚園での様子を見に行くと、子どもたちがあちこちに入り混じる自由遊びのはじまりや活動の変わり目では職員室で主任教諭と一緒に過ごし、それぞれが居場所を決めて遊び始めた後やみんなが座って絵本を読み始めるタイミングでは自らクラスに戻っていきました。しかし、歌をうたう段になると、不安と緊張が入り混じった表情に変わりました。また、自由遊びで製作しようと取り組んでうまくいかないときも、先生を頼ることはなく一人で向かい、最終的には友だちの作品を壊しておしまいになりました。友だちというより作品に注目しているように見えました。

後日、入園までの様子をお母さんに聞くと、アキラくんは初めての子どもで、乳児期は寝つきが悪く、よく泣き、哺乳や離乳食を進めるのもひと苦労だったけれど、幼児期になると、家の中では電車を並べたり電車の絵本を見たりして静かに一人で遊ぶようになったので、偏食、浅眠以外は子育てで困ることはなかったそうです。ただ、一歩外に出ると打って変わったようにお母さんにべったりとしがみつき、妹が生まれた3歳頃より、子どもの泣き声を聞くとかんしゃくを起こすようになったのを不思議に思っていたとのことでした。歩行やことばの獲得に遅れはなく乳幼児健診でも発達上の課題を指摘されることはありませんでした。

入園当初をふり返ると、アキラくんは音への過敏さや触覚の敏感さがあり、睡眠が浅く、イライラしていた状態でした。それに加え、一クラス30人以上、園全体で200人近くいるワイワイ・ガヤガヤした子どもの集団は、入園当初のアキラくんには音や動きが過剰で、いつ何がおこるかわからない不安や、どこを見て誰をあてにしたらいいかわからない混乱と緊張を掻き立てたようでした。また、友だちの遊ぶ姿を見て同じようにしてみたいと思っても、あまりハイハイせずに立って歩いた子どもによく見られることですが、体幹が柔らかく、身体全体でも手指の操作でも動きや力をコントロールするのが難しくて、なかなかできない様子でした。周りの刺激に振り回されるので、安心できるおとなに気持ちと行動の拠り所を求めていくことは難しく、どうにもならないイライラや不全感を、物を投げるという出し方で表しているように見えました。

2 幼児期前期から後期の発達の道すじ

前節で述べた入園により生じる不安や葛藤を、自分づくりにつなげる契機にしていく保育を考えるにあたって、ここでは幼児期前期、中期、後期にわけて発達のプロセスを見ていきます。

(1) 安心できるおとなが見守る中で自分の〝つもり〟を広げる幼児期前期

入園まで、家という慣れ親しんだ環境で、こうしたらこう受け答えしてくれると予測のつく保護者やきょうだいと、核家族なら一般的に2、3人の安心できる、モデルがはっきり見やすい人間関係の中で過ごしてきた子どもたち。幼児期前期までは、子どもはそうしたゆるやかな生活のなかで、おとなのまねをして自分でも試したり探索したりを十分にし、それを受け止めてもらうことで、おとなへの信頼感を高めてきました。おとなと同じようにすることで〝いっしょ〟を感じ、さらに〝いっしょ〟を感じ試していくことで、おとなとは〝ちがう〟自分のつもりが発生し「イヤ」を出すようになっていきます。「イヤ」の鉾先もおとなであれば、自分が試したことを意味づけ、人のつながりや物事の関係を教えてくれるのもまたそのおとなであり、信頼できるおとなの胸を借り、やりとりしながら自分のつもりを膨らませていくのがこの時期です。

アキラくんの場合、自分の不安や困ったことを母や先生に伝えることが苦手でどうしていいかわからなかったため、おとなとのやりとりを通じて自分の不安や緊張が軽減されませんでした。アキラくんの感覚の鋭さや快適な睡眠がとれないことからくる不快さ、物への志向性の高さから、乳児期後半から幼児期にかけて形成されるはずの安心できるおとなとの関係が十分育たなかったと考えられます。そのため、それに続くおとなのまね、やりとりが十分経験されないまま、ことばや形・色などの認知面では幼児期の力を獲得したと考えられました。

(2) 人とつながることが自分づくりの契機になる幼児期中期

幼児期中期になって、さらにもっとやってみたいという遊びや生活の要求が膨らみ自分への手応えが蓄積されると、自分のつもりをより明確に自覚し、そのつもりを軸に他者との関係を把握するようになります。おとなのつもりとの〝ちがい〟が自覚されることによって友だちと〝いっしょ〟を求める。おとなから距離をとることで、周りの友だちの姿がよく見えるようになる。こうして、生活や遊びのモデルをおとなから子どもに移していきます。多くの幼稚園ではこの時期に入園を迎えます。

入園後はそれまでの生活とは大きく変わり、毎日一定の時間に家から出て登園し、おおまかに活動時間とルールが決められるなど一定の枠組みがあります。集団の規模もそれまでより大きくなり、園では遊具やトイレも順番を待って使うなど考えて過ごさねばなりません。また、自分で友だちや遊びを見つけなければならないことからも、入園当初、園はアンテナを張り気をつかって過ごすところとなります。そんなとき、新たな先生や友だちにかかわって生活や遊びを拡げていくには、緊張や不安に勝る「〜したい」思いと、困った時には助けてくれるというおとなへの信頼感が子どもに積み上がっている必要があります。

幼稚園はアキラくんのために、自分のペースでじっくり試せるとともに思いきり身体を使って遊べ、おとなともじっくりやりとりできるような部屋を確保し、そこに加配教諭を配置して、同じように発達支援が必要な2、3人の友だちと一緒に過ごせるように配慮しました。先生とアキラくんの身体を大きく使う遊びを核にしながら、友だちと一緒に楽しめる遊びも取り入れ繰り返すうちに、アキラくんは徐々に友だちを感じながらおとなと一緒に遊ぶおもしろさを感じるようになり、表情も和らいでいきました。さらに、大型積み木で大胆に構成する姿が友だちの憧れとなり、友だちに教えてあげる場面も出てきました。こうした取り組みを積み重ねるうちに、先生を拠り所にしながらも追いかけっこやかくれんぼなどを2、3人の友だちとなら楽しめるようになってきました。とはいえ〝こうでないと〟と堅く思うため、そうならないことにカッとくることもありました。しかし、横には先生がいていざとなったら助けてくれるとの安心からか、先生にイライラする思いをぶつけながらも、友だちと遊びたい思いから何とか自分の気持ちを調整しようとしているようでした。

3歳から4歳前半にかけて、子ども同士で自分と友だちの思いや表現が〝ちがう〟がゆえに友だちとのぶつかり合いやいざこざが盛んになります。それらを通じて「こういうふうにやってみたい」という自分のつもりがより明確に自覚されることになり、それにより自分の理屈が形づくられ、自分らしい表現・やり方を模索するようになります。反面、自分が思うようにかっこよくできないことを自覚し、自分とは違う相手の思いや表現にも触れ、反発したり憧れたりしながら葛藤し、大きく揺れる時期でもあります。かっこよさに憧れるからこそ失敗したくない・負けたくない思いも強まり、譲れない自分の思いやり方を貫き通す。「誇り高き4歳児」（田中昌人、1981）といわれるゆえんです。しかし、「こういうふうにしたい」という自分の確かなつもりがあればそれを軸に、揺れても自分の思いに立ち返ることができます。また、友だちと一緒に遊びたい思いが勝れば、気持ちが揺れながらも、相手との間で自分の思いや言動を調整し、折り合いをつけるよう考えられます。こうした力は、自然に子どもに身につくものではなく、保育者がそれぞれの「こういうふうにしたい」つもりを把握し、その子らしい表現を尊重するだけでなく、子ども同士がお互いのつもりに触れ、それぞれが考える間をつくる取り組みや、お互いがつながる生活や遊びを丁寧に積み上げる保育者の意図的な取り組みがなされてこそ、獲得されるものです。

アキラくんをはじめとする発達障害児や要発達支援児は、周りの刺激を拾い過ぎたり、逆に鈍感であったり、体や手指のコントロールのしにくさがあったりして、自分が始めた遊びや生活動作をやり切ることなく、あきらめたり、次の遊びへ移ったり、壊したりします。また、思いとことば・行動が一致せず他者からはわかりにくいため、本当は友だちと一緒に遊びたいと思っているのにそれが相手に伝わらないジレンマを抱えています。どちらも自分の「こういうふうにしたい」つもりを軸に踏ん張れず、友だちとのつながりや遊びにおいて認められ手応えを積み重ねられないことが子どもの悩みです。自分のつもりを軸に踏ん張れるよう、友だちと遊びたいから〝ギリギリ〟葛藤しながらもその思いを実らせるような、丁寧な保育が求められます。

(3) 集団のなかでより力を発揮する幼児期後期

幼児期中期には、遊びにおいては、相手の思いや意図を知ることで〝つもり〟やイメージがより膨らみ、それを友だちと共有して、遊びや生活を広げていった子どもたち。このように、新しい世界で心と行動の拠り所を得て、自分の世界を広げる心理的基盤ができたことで、友だちのやり方や力に憧れるなど友だちの見方が変わっていきました。

それが幼児期後期には、「○○ちゃんはよくおこるけど力持ち」「△△くんはじっとしてないけど話はおもしろい」というように、友だちを一方向からだけではなく他方向からも見るようになります。仲間により目が向くことともに、仲間からも自分が認められることで、自分が膨らみます。こうして自分とおとな、自分と友だちが同じくらい大きい、あるいはかっこいいと実感されると、□□グループ・◇◇組の同じ仲間という意識を、共通の目標に向けた活動を通して育んでいきます。こうなると、仲間意識を高め、一人ひとりが集団の一員としての誇りをもち、そのなかに自分が位置づくことによって力を発揮する集団が形成されていきます。そうした力はまた、子どもが自分自身についても、周りとの関係ばかりでなく、自分が経験し、育ってきた時間を軸に過去を振り返り、「赤ちゃんの時はできなかったけど今は一人でシャンプーができるようになった」と段々と大きくなってきた自分を感じる力にもなります。そして、「○○はちょっと心配だけど△△は大丈夫」という多面的な見方を自分にもするようになり、小学校に思いを馳せ、新しい世界に踏み出す力につながっていきます。

年長児の冬の発表会に向けてアキラくんが不安定な様子を見せたことから、保育者は無理にクラスの友だちと活動を同じくすることはせず、劇の舞台装置のこの部分は、アキラくんチームがつくることにするなど、みんなの活動の中での役割を担うことで、クラスの一員であることを感じ合う取り組みをしました。一方で、アキラくんが構えずに参加する劇遊びのなかでは、クラスの友だちとごっこの世界でつながる経験、〝いっしょ〟を感じる経験がたくさんできるように取り組みました。生活発表会の当日は、見知らぬおとなの観客がいる、ちゃんとできるかどうか不安、とドキドキしていた面持ちのアキラくんでしたが、自分たちでつくった舞台装置とクラスの仲間を支えに何とか最後まで演じ切りました。

その後は、経験したことがない幼稚園卒業・小学校入学への不安から、再び大きく揺れ、卒園式前に登園しぶりが出てきたアキラくん。その時に描いた絵には、幼稚園と小学校の間に大きな川があり、そこに大きな岩と倒してもたおしても出てくる強くてこわい怪獣が登場しました。それまで、行事以外ではどんなことがあっても「行きたくない」と言ったことがなく、「がんばらないと」との思いに縛られていたアキラくんでしたが、ようやく「よく知らないところに行くのが不安」「学校に行きたいと思ってるのに、後からあとから怪獣がやってきてやっつけてもまた出てきて、行きたくても学校に行けない」という自分の思いを出せるようになったのでした。

3　保育園・幼稚園の保育において大切にしたいこと

発達障害児や要発達支援児など発達支援を必要とする子どもは、自分がもともともっている感覚の敏感さや衝動性、鈍感さや寡動性、人と人とのつながりや物事と物事との関係のわかりにくさから、新しい環境や条件のもとで不安が高まり、自分と周りとの差、さらに自分がこういうふうにしたいと思うこととの差を感じ、葛藤も強まります。発達障害児や要発達支援児はこの揺れる期間が長く、発達検査では認知面で生活年齢相応の項目がわかっても、この時期の発達の宿題を残したまま学校に入学する場合が多いです。

そのため、形式的な適応を急ぐのではなく、幼児期中期から後期の集団のなかで、積み残してきた発達の宿題である、乳児期から幼児期の人と関係のつくり直しや「〜したい」という要求を育て、人との関係の中で〝ジブンガシタ〟実感と手応えを積み重ねることが必要です。このことが十分に育っていれば、新たな集団に入って一旦動揺したり葛藤が強まったりすることがあっても、自分のつもりを軸にして、遊びや生活を通して新たな人との関係を結んで立ち直り、時間はかかってもいずれ新たな生活課題に向かうでしょう。

幼稚園に入園するということは、昨今、いかに不安を減らし新しい生活に馴染めるか、いわば子どもの側が外の世界にどれだけ適応していくかに焦点があてられています。もちろん、そうした配慮は大切なことですが、人とつながるなかで自分自身を育んでいく、発達に必要な葛藤を経験することで人とより深くつながり、そのなかで子どもの内面が形成されるという視点からみれば、幼児期に子どもの内面に育んでいくものにこそ焦点をあてて保育をしていきたいものです。このことは、幼稚園入園だけでなく、保育園進級や学校への就学においても同じです。

小学校は特別支援学級に進んだアキラくんでしたが、1、2年まで登校しぶりは続き、「給食の時間だけ行く」と自分で考え決めながら、新しい環境と先生・友だちとの関係をつくっていきました。〝困ったときは助けてくれる人がいる〟〝今は苦戦してるけれど、幼稚園のときのように再び立ち直れる〟という人への信頼感と自分を肯定する力を育み、入学という大きな環境の変化による危機を、新たな人との関係を結ぶ契機にしていきました。3、4年生から通常学級で過ごす時間が増え、高学年にはそこで友だちもできたアキラくん。過去を振り返り、人に助けてもらいながらも自分が困難を乗り越えてきたという実感が、大きく揺れながらも自分の生活世界を広げる方へ一歩を踏み出し歩み続けるよう励ます、そうした力となったのでした。

こうした力をアキラくんがもてたのも、幼稚園年長児期に自分たちで劇遊びをつくるという共通の目標に向けた取り組みを通して、発達障害がある友だちがどのように感じ考えるかを、クラスの仲間で話し合い想像する活動が展開されたからです。そのことが、アキラくんも友だちという他者の思いに気がつき、自分もクラスの仲間であることを感じることにつながりました。それぞれの出し方や考えの〝ちがい〟を認め合い、〝おなじ〟大きな目標に向かうなかで、学童期半ばの発達の質的転換期に向かう力を育んでいく幼児期後期。発達支援を必要とする子どもは表現・出し方の未熟さはありますが、発達支援を必要とするそうした子どもがいることで、他の子どもたちも自分たちがどうしたいのかをくっきりと意識し、より深く考えて話し合いができる、そして一緒に劇をつくりだす手応えのなかで仲間と深くつながる、そう方向付けることに保育者の役割があります。

「一人ひとりのかけがえのなさ、その人らしさは、一人ひとりをバラバラに切り離したところで生まれてくるのではなく、他者との関係で、集団の中で、社会とつながってこそ、一人ひとりの価値が意味を持つ」と白石恵理子（2009）は指摘しています。一人ひとりの多様な感じ方、わかり方、表し方を尊重しつつ集団として高まる、そして集団が高まることで一人ひとりが自分づくりをすすめる、そういう取り組みが求められています。

注1　保育園、幼稚園における発達支援および発達支援システムの課題や巡回相談のあり方については、浜谷（2009）、近藤（2011）に詳述されています。

注2　保育園の乳児クラスから幼児クラスへの進級時にも、2歳児の担任の一部が3歳児に持ち上がる、2歳児で楽しんだ遊びを進級当初は繰り返し行う、などの急変緩和する工夫がなされています。

引用・参考文献
浜谷直人　2009「困難をかかえた子どもが保育へ参加する」『発達障害児・気になる子どもの巡回相談』浜谷直人編書　ミネルヴァ書房
近藤直子　2014「乳幼児期の発達保障における保育所・幼稚園の役割」障害者問題研究　42(3)　2-9
白石恵理子　2009「発達と生活年齢」白石正久・白石恵理子編『教育と保育のための発達診断』全国障害者問題研究会

田中昌人　1981「3歳児の精」発達　2(7)　37
田中昌人・田中杉恵　1986『子どもの発達と診断4　幼児期Ⅱ』大月書店　223-224

（西原　睦子）

4　就学移行期の支援：子どもの育ちを支えるために

子どもが小学校に入学する……親子にとって、ともに育ってきた・育ててきた人たちと別れ、新たな世界や初めての人と出会う、期待と不安の高まる時期です。これまでも、学校・園が新入児の受け入れにあたって連携してきましたが、近年「移行支援」として、さらなる取り組みが各地で試みられています。

移行支援は、それまでの育ちを担ってきた幼稚園・保育所から、これからの育ちを引き受ける小学校へ、子どもをどう理解してどんな保育の工夫をしてきたかを引き継ぎ、育ちのプロセスを支えることをめざしています。

近年特徴的なのは、①引き継ぎの場に保護者が参加する（子どもの生育歴等を伝える）、②情報共有や交換を確かなものにするために、文書ツール（個別の支援計画、サポートファイルなど）を用いることです。

この章では、移行支援をすすめる上で、大事にするべき点や留意点について考えます。

1　就学期の移行支援にかかわる近年の状況

はじめに、就学期の移行支援にかかわる、近年の動向を見てみましょう。

(1)「保幼小連携事業」と移行支援

１９９０年代後半、小学校1年生が授業中に落ち着かず、騒いだり動きまわったりして学習が成立しないという事象が「小1プロブレム」として問題にされました。当初、保育の場で集団規律が教えられていない、家庭でのしつけがされていないという短絡的な見方がありました。いわゆる「気になる」子や、虐待的環境で育ってきた子どもの要因も指摘されてきました。この問題の背景には複合的な要因がからみ、子どもや家族を取り巻く社会的環境の変化によって、幼児の人間関係を築く力が未形成であり、自尊感情が低くなっていることや、就学前と後の教育の内容や方法の段差が大きいことが考えられるようになってきたと言われます（木下、2009）。

こうした問題に対応するため、幼児期から小学校への移行をなめらかにする取り組みとして、各地で保幼小連携・接続事業が試みられています（子どもの交流体験や職員交流、カリキュラムの工夫や合同研修等）。ただ、発達障害を持った子どもの移行支援が、そのなかで課題として取り上げられてきたとは言いがたいという指摘もあります（田中・山本他、2007）。

特別支援教育が２００７年度に本格的に実施されて以来、生涯を通じ一貫した支援の保障が課題として重視されるようになります。幼児期から小学校への移行支援システムを地域でどのように築くか、各地で多様な連携を模索しています（田中・山本他、2007、子吉、2010、国立特別支援教育総合研究所、2011）。地域で暮らすすべての子どもを育てる視野のもとに、個々の子どもの支援を引き継ぐ取り組みをどう具体化するかが問われています。

(2)「就学相談」と移行支援

保護者が子どもの学びの場として就学先を選択するための「就学相談」についても、「場」による教育でなく個々の「ニーズ」に応じた教育をうたう特別支援教育の理念をうけ、近年その内容の転換がはかられています。障害者権利条約の批准に向けた国内法の見直しがすすむなか、従来の「就学指導」を「相談支援」の仕組みに転換する方針が打ち出されました。２００８年の文部科学省・厚生労働省「障害のある子どものための地域における相談支援体制整備ガイドライン（試案）」にもとづいて、相談支援ファイルの活用や就学指導コーディネーターによる就学相談の実施等、各地で相談支援体制への転換がはかられています（渡部，2014）。

そこで目指しているのは、子どもの教育ニーズを把握し、保護者の意向を踏まえることを基本に、十分な情報提供と関係機関との連携によって相談をすすめることです。そして、子どもにとって必要な支援についての合意を形成することを追求しようとしています。教育サイドが保護者とすすめる「就学相談」に、幼児期の育ちを担ってきた機関としてどう関与するか、各地の実情を踏まえて検討することが必要です。

2　就学期の移行支援にあたって

就学期の「移行支援」をすすめる上で大事なことは、〝移行期にあたって、親子を支援すること〟である点を明確にすることです。

発達障害や発達上の気がかりをもった子どもについて、保育のなかで取り組んできた支援の内容や方法を小学校へ「伝える」ことは、切れ目のない支援を実現する上でたしかに重要です。ただ、就学にともなって子どもたちの生活や保育および教育階梯が変わるなかで〝支援を移行する〟というイメージに短絡的に走ってしまうと、「子どもの生活実態に沿わない」「保護者を挟んで、園と学校のあいだですれ違う」などの事態が生じやすいのです。

「移行支援」でめざすのは、幼児期に工夫してきたそのままの支援を継続するようなものではなく、一貫した支援を保障するために、移行期にあたって子どもの育ちを引き継ぐ（バトンを渡す）ことです。そのために、親子の生活世界がその時期にどう変わるか、踏まえることが求められます。

園への送迎はじめ、幼児期はどこに行くにも親がつきそっていたのが、小学生になると友だちと数十分かけて学校へ通うようになります。親（大人）の目から離れる時間が増えて〝子どもたちの世界〟が本格的にスタートすること、子どもの興味が格段に広がることが、この時期の大きな特徴です。これを足場に子どもは自立の階段を一歩上がります。親にとっては、子ども世界の広がりを受け、いずれ迎える親からの心理的分離を見通した、子どもとの関係調整が始まります。親と離れて外の世界へ一歩踏み出す姿に、親としては嬉しい反面、寂しくもあり、心配もふくらみます。

子どもも「1年生」への憧れや誇り、「勉強」「友だち」への関心と不安を抱えてのスタート、新たな世界に自分なりに挑み、緊張もするし、がんばろうとします。だからこそ親に甘えたくなる……朝、学校へ行くときに「今日、ボク何時限か、わかっとる?」「帰るとき家におる?」と親に尋ねたり、買い物に行ったスーパーで、なぜかギュッと親の手を握って離さなかったりする姿（しばらく雑誌の立ち読みができなくなったと、笑って教えてくれた方もいました）を見せます。

幼児期から学童期への変化が、親子の生活のなかで具体的にどう受けとめられるか――そこから移行期をとらえなおして、移行支援について考えることにしましょう。

3　就学期の生活の変化

就学期の変化を、相談や親の会でふれた親の声をもとに、生活の各相から見ていきます。

①生活時間

幼児期に比して時間の区切りが細かくなるだけでなく、「○時までに□をする」というタイムプレッシャーが強まります。朝出かけるときも、幼児期なら「そろそろ行くよ……さあ行こうか」と子どもを伴ったり追い立てたりしていましたが、「ほら、もう7時半！」と子ども自身が行動できるように、親も何度も迫ることになります。「いちいち言うことが、子どもを追い詰めていないか」「言われないとやれなくなるのではないか」「興味をひく物があると気をとられてしまうので、親が登校に付き添うようにしたけれど、いつまでこんなことをしていていいのか」等、生活を段取りできるたくましさをどう育てるか、さらに子どもの自立まで思い描く、親の気がかりがうかがえます。

また〝放課後〟をどう過ごすかは、子どもにとって大問題。疲れて一人でホッとしたいけれど、友だちと行き来し、遊び仲間にも入りたいという葛藤を抱えます。友だちとの交渉や約束の仕方、時に断られることも断ることも経験していきます。宿題をいつするか、テレビゲームをいつまでやるかなど、子どもの生活づくりに親としてどう関与するかも考えたいところです。

②生活空間

学校という〝公共の場〟――自分の所属する学級で、同級生と授業に臨む一方、放課後には、自由な往来ができる場が地域に広がります。「学校という社会」に託し、親からすると子育てのステージが一段上がったような感覚も生じます。何より〝学校に楽しく通ってほしい〟と願い、子どもが自分の足で学校に向かう気持ちになってくれることを願います。公共の場のルールに沿って行動できるか、関心が向きます。

一方「地域社会」は、親の目から離れた、見えない世界です。子ども同士である程度自由な交遊が展開される場、友だちと関わり合う中で育ってほしいと期待する一方、だからこそ生じるトラブルに向き合う子どもをどう支えるか、見えないだけに苦心します。親の仲間や学童保育の指導員が力になってくれることも多いでしょう。

③生活仲間

幼い頃から行き来し、親どうしも知り合いだった友だちとの付き合いから、入学後たまたま同級になった友だちとの関係づくりが始まります。はじめは子どもなりに苦心します（武田美穂『となりのせきのますだくん』ポプラ社 にも、そんな新入生の姿が描かれています）。一緒に遊ぶ経験を通して、いずれ相手への親しみやその子なりの距離感も形成していきます。親も、同じ園から入学した子と同じ組になれたか、教室で拠り所になる友だちがいるか気がかりです。困ったことが起きたとき先生や友だちに伝えられるか、給食や休憩など自由な時間に友だちとどう過ごしているかなど、人間関係にかかわるテーマは大きな関心事です。

また、親どうしの関係も変わります。幼児期には、園への送迎や保護者会活動を共にする等で知り合った、子育て仲間という日常的なつながりをもちやすかったのが、子どもの入学とともに、親どうしも出会う機会が少なくなります。一方、地域では子ども会、学校ではＰＴＡ活動の役割を担うことになり、子どもたちの世界を見守る、大人たちのネットワークをどう作っていくか問われるところです。支援の必要な子どもの場合、幼児期につながってきた専門機関や相談相手と継続してかかわれる場合もありますが、新たなつながりを再構築する必要が生じる例が多いようです。親の会などの仲間のつながりが支えになります。

④生活財

入学とともに一気に増える学習道具を、自分で管理することが期待されるようになります。教室での担任の指示に応じて教材を出し入れし、ランドセルにまとめ、連絡物を持ち運び、帰宅後に整えてまた翌日の時間割を揃え……、ひとつずつ確認して、視覚支援マップを用いて、ていねいに繰り返し取り組むなど工夫して、親も子どもに寄り添っていきます。何年かかってもなかなか身につかないという嘆きは、小学生の親の集まりなどでよく聞きます。忘れ物や紛失、お便りの渡し忘れなど、本人が困ってしまうのではないか気になります。そんな親たちの声を紹介しましょう。

——子どもが忘れ物をしたと親が気づいた時、学校に届けたものか？

——子どもが困っているのではないか気になって、届けてしまうけど、親に頼りきるようになって、忘れ物をしたときに「母さんのせいだ！」なんて言う態度をつけてしまうのではないか？

——忘れたのは子どもなんだからと本人に任せたら、忘れ物が気になって授業に身が入らなかったり、忘れたことで不安になって、取り乱したりするのではないか？

——困らないように配慮するだけでなく、困ったときにどう対処するか、子どもに学んでほしい。

——担任と、どんな対策を話し合っていくのがいいか？

子どもの自立について考えるからこそ迷いが生じます。家庭での取り組みを支える担任との連携が大切です。

⑤新たな生活課題：学習規律

保幼小連携の取り組みで指摘されてきたように、幼児期の「遊び」という総合的活動を通した体験による学びから、教科や時間に区切られ、教室での座学が主となる「学習」へと、学び方が変わります。例えば、食べたいわけでなくてもリンゴの数を数えて考えるなど、条件づけられた興味をもって学習に取り組むことができるようになります。また、学習がどの程度達成されたか評価され、成績として親子に通知されるようになることも、大きな変化でしょう。

学習についての親の気がかりは「授業時間中、教室で、きちんと着席できるか」「先生の話をきちんと聞けるか」が代表的なものです。お腹が空いているとご飯まで待つのがむずかしい幼児も、かくれんぼならじっと隠れて待つなど、遊びのなかで興味に支えられて自分をコントロールできます。それが児童になると、「ベルを合図に、授業時間と休み時間が交代し、次の授業に備えなければならない」など、時間配分を意識して自己調整する、学習に向けた自己規律が求められます。子どもにとっては、新たな生活課題ととらえることができます。ですが、自己規律は、我慢してするというものではなく、自分を保つ「支え」を必要とするものです。「支えになるのは、1年生になったという誇りであることもありますし、楽しいイメージであることもあります。（中略）授業を通じて分りやすい仕事を示すことができるなら（仕事の必要性から）規律が支えられることになるでしょう」（田丸敏高、2011、2012）。

見聞きした物や思いついたことに注意が惹かれやすい、特定の感覚や対象に強い好みがある等の特徴によって、その規律を維持することが難しい場合、規律を支えるどんな支援が必要か――イメージを高めることばかけやわかりやすい示し方、友だちとのグループ活動、仕事を提案して役割を担ってもらう、集中した後にひと息つける固有のスペースを設ける、ときには動きながら集中を保つことのできる配慮など――、考えていくことが大切です。ある国語の授業で、「ムクドリ」ということばから鳥の羽ばたくイメージがわいて動きたくなった子に、担任が回廊になった校舎の廊下を一周飛んできたらと提案すると、しばし教室から飛び立った小鳥の子どもは、「ただいま～」と帰ってきて着席し、教科書に向き直ったという事例もありました。

親のほうは、家庭学習を習慣づけるために、宿題をやり終えて次の日学校に行けるよう、家での生活を担うことになります。でも、「子どもがなかなかやる気にならない」「完璧主義な子。少しでも間違えると全部消さないと気がすまなくて、寝るまでに終わらない。それでまた泣けてしまう」「教えているうちに親のほうがイライラする。うまくいかないときに子どもがやたらと絡んできたりして、お互いしんどくなる」など、これがけっこう重い役目と感じられる場合があります。担任と話し合うことで宿題の量を調整する、課題の内容を子どもに合わせてもらうなど、子どもの学習を支える関係づくりが欠かせません。

⑥生活の拠点：子どもの安心感の源

未知なる世界に挑んでいる子どもたちは、期待の大きさの裏側に緊張を抱えています。学校生活のなかに、何より安心できる拠点が生まれることが、子どもの興味や自己規律を支えます。その安心感の源は「自分の言ったことばや表現したものが、他者に受けとめられているという実感がある」（木下、2009）ことでしょう。担任に自分のことをわかってもらえている実感、子どもどうしで遊ぶ経験のなかで生まれる共感や連帯感、自分のクラスへの所属感など、小学校への移行に困難を抱えやすい子どもにとって特に考えたい視点です。親にとっては、子どもの自立への課題が急に増えたように感じる時期ですが、家では緊張を解いて〝休める（安める）〟ように、子どものために心を砕く姿がうかがえます。おやつやお風呂にゆっくり時間をかける、一日の終わりの読み聞かせを続ける、子どもと語り合う時間を意識してとるようにするなどの心遣いは、この時期の子どもの力になるはずです。

4　ヒロ君の事例に学ぶ

母子保健の場で、筆者が心理相談員としてかかわったヒロ君（仮名）は、3歳児健診のとき「会話がかみ合いにくい」という所見から発達の経過を追う必要があると判断された子でした。ただ、お母さんは「父親もことばが遅かったので、この子のペースだと思う」「もうすぐ幼稚園に入るので、成長を期待したい」と、専門医への受診や心理士による発達相談を辞退されました。その頃は、特に育てにくいと感じることもないし、よくしゃべっていたので様子を見たいと考えられたそうです。保健師から入園後に様子をたずね、心配なことがあったらいつでも連絡してほしいと伝えていたところ、年中組になって間もなくお母さんから電話があり、相談を希望されました。「集団活動に入れないようだ」「予防接種に行った医院であまりにも泣くので、これほどの大泣きは度が過ぎるのではないかと心配になった」ということでした。

保健師と心理相談員が園に出かけ、担任からヒロ君の様子を聴きとり、園での姿を観察させてもらいました。初めてやる遊びや友だちがそれぞれに動く活動では身の置き所がつかめないように担任にくっついて離れられない、場面が切り替わる時に見通しがもてないのか動き回って気分がくずれやすい、クラスの子が一斉に動くトイレ移動の時などに固まって動けなくなるなど、集団生活に参加する上で困っている様子が認められるため、市の5歳児発達相談[注1]へ案内しました。

5歳児発達相談では、会話に非協力的で、対人関係をつくる上で困難を抱えている、文字が読める一方で「しりとり」はどうしていいかわからないなど認知の歪みが見られるとの医師の所見から、当時、広汎性発達障害（P

DD）の可能性があると療育機関に紹介されました。

心理相談で行った発達検査では、はじめは不安げで親の手を取って積み木を操作させたりしていました。なじんでくると自分からパズルに取り組み、何枚もやりたがりました。言語問答では自信がもてないのか親をふり返っていましたが、数の課題には興味をもって応じました。刺激の少ない環境やていねいな段取りをわかりやすく示すことで、行動の見通しがもてると落ちついた姿を見せることがわかりました。園では、加配保育者による個別配慮を位置づけて複数担任による保育をする体制がとられ、療育機関から保育についての巡回相談を受けて指導にあたりました。

お母さんは、この間の動揺を心理相談の場で語るなかで、年長組になって就学にむけた不安がはっきりします。「今、やれることはしてやりたい」と、相談員に案内された教育センターの教育相談を経て、ヒロ君は、就学前の個別指導に隔週で通うことになります。また、お母さんは教育相談の先生のはからいで入学予定の小学校に出向き、通常学級と支援学級の様子を見学して学校からそれぞれの特徴について話を聞きました。園長や担任にも集団での姿に照らしてどうかと相談し、ヒロ君が落ちついて学べるにはどんな配慮が必要か、夫婦で何度も話し合われました。

「園での友だちとの生活を学校に伝え、1年生の学級との交流を積極的に求めていきたい」という親の願いを受け、園と教育相談のスタッフが調整し、学校側のコーディネーターらと話し合いの場をもちました。幼稚園の仲間の多くが入学すること、学校でも多くの時間をその子らと過ごせること、交流の具体策のいくつかを聞いて、ヒロ君は情緒障害児学級で学校生活をスタートすることになりました。この間、就学時健診前にはヒロ君も学校内を見学し、どこで何があるのか予め知った上で、当日は近所に住む顔なじみの上級生が付き添ってくれるよう配慮してもらえました。3月には園と一緒に作った「個別の支援計画」をもとに、これまでの育ちや好きなこと、困ったときの表現の仕方等の特徴や、保育を通して工夫してきた支援の様子を伝えました。担任が決まってから入学前に出会いの場を持ってもらい、教室や下駄箱の位置の確認などをして、入学式に臨んだそうです。

入学後、お母さんにこの間を振りかえってもらう機会がありました。「診断がついた頃は落ちこんだ。なぜこの子がこんなことに……と何度も問いかけ、この先のことが不安になった」と言うお母さんに、「その苦しい時期、お母さんにとって何が力になった?」と問いかけると、「そりゃぁ、この間この子が伸びてきたことですよ!」と単刀直入に言われました。「それが何よりも励みになりました」という言葉に、我が子に寄せる思いの深さを今さらながら感じ、続けて語られたことから、移行支援でめざすべきものを教えられました。「先生も付いて配慮してもらったおかげで、安定して園で過ごせるようになったし、教育相談ではこの子にあった指導を受け、ずいぶん伸ばしてもらえた。必要な手だてをとることが、この子のためだとわかったので……園や学校とうまく問題を共有できたと思う」

5　移行支援にあたって大事なこと、心がけたいこと

⑴何を大事にするか

就学という転機にむけて選択や決定が迫られ、環境の変化を前に保護者の不安が膨らむ移行期だからこそ、大切にしたいのは、親が子どもの発達の問題に向き合う力を励ましていくことです。事例に見られるように、2つの手ごたえが親の力になることがわかります。

・手だてを打っていくことが子どもを成長させるという実感（子どもが成長した手ごたえ）
・手だてをともに考える人と具体的につながり合う実感（担任・支援者と協働する手ごたえ）

幼児期に子どもの育ちにかかわってきた機関は、保護者が抱える子どもへの思いの深さ、気持ちの揺れに理解を寄せて、迷う・考えるプロセスを一緒にたどること、タイミングよく新たな出会いをつなぐことを中心におきたいものです。その際大事にしたいのは、①保護者がそれぞれのペースで迷い考え抜いた末に、子どもの学校生活の見通しをつかみ取れること、②子どもの発達を支援する手だてをともに考える人と、つながれたという実感と、つながり合えるという信頼を、保護者がもてることだと考えます。

発達上の困難を抱える子を育てる親が、自分にとって必要な人とつながりあえるように展望をもって、支援者どうしがつながり合うネットワークを築くことが求められています。

(2) 心がけたいこと

就学期の移行支援で、親子を中心にして送り手と受け手が出会う上で、どんな配慮が必要でしょうか。形にとらわれて「支援計画」というツールを作ることや移行支援会議の開催そのものを目的にすると、かえって保護者を支えるつながりを損なう場合も生じます。新たなつながりを築くために、人が人に出会う、さまざまなありようを踏まえることが、丁寧な引き継ぎにつながります。

まず、保護者の思いを理解するための「相談」を日々積み上げることです。「相談」は悩みや解決したいことを聴きとることを通して、保護者が問題を整理する働きを持ち、双方にとって必要な情報を得る機会にもなります。園の保育者は、今までの育ちを分かち持ってきた、保護者にとって相談しやすい相手ですし、医療や発達相談、さらに就学については教育相談、就学相談などが、それぞれの役割を発揮できるでしょう。親子の実情に応じて、どんなタイミングでどんな相談に出会えるのか調整するつながりを地域で築くことが、ますます重視されます。

次に、保護者が新たな出会いを得る際には、相手の人となりを知るために「懇談」「語る会」のような場が必要になる場合も多いでしょう。語り合いですから、子どものことを中心に置きながら、互いを知り合うことがメインテーマです。必ずしも方針や成果をはっきりさせる必要はなく、出会いそのものを尊重する場や時間を意識したいものです。

さらに、移行支援のための「会議」「話し合い」を就学前後に持てる場合、これまでの支援を引き継ぐという目的のもとに、文書ツールを用いて協議・対話し、今後の方針を立てるなどの見通しを得ることができます。

このように、会議を開くか、そこに保護者が参加するのか、どんなツールが必要とされているのかなど、親子に応じてさまざまな出会い方や引き継ぎ方の幅をもって、移行期を支えていくことが求められています。幼稚園・保育所から小学校への移行支援は、子どもが安心して学校生活に向かえるように、保護者が「子どもの成長への手応え」「担任とつながる実感」をもってわが子の「入学おめでとう」を迎えるために取り組みたいものです。

注1　5歳児健診・発達相談事業は、以下のような目的で実施されている。

①発達障害は集団生活を通して困難が見えやすくなるため、幼児期後半に健診を実施することで、障害特性に応じた把握ができる可能性がある。②保護者は、落ち着かない等の気がかりは他児にもよくあるものと感じたり、家と園での子どもの様子が食い違っていたりして、子どもに発達的な困難さがあると気づきにくい。一方で育てにくさを感じて、不安も抱えている。健診を

保護者に「気づき」の機会としてもらい、子育てを支えるつながりを築く。③保育現場では、子どもをどう理解するか追求しつつ、保護者と共有する難しさを抱えている。保健機関が相談の場として関わることで、協働するきっかけになる。④就学が迫っている時期に子どもの発達上の困難を把握し、保護者を中心に保育・保健・教育等の関係機関が連携して、就学についての相談支援をすすめる機会とする。３歳児健診等が母子保健法に基づいているのとは異なり、５歳児健診等は法制化されていないため、実施自治体も限られ、また自治体によって多様な取り組み方があり、一様ではない（田丸尚美「５歳児健診」『キーワードブック特別支援教育――インクルーシブ教育時代の障害児教育』クリエイツかもがわ　208-209参照）。

引用・参考文献

木下孝司　2009「1年生―2年生」心理科学研究会『小学生の生活とこころの発達』福村出版　40-52

国立特別支援教育総合研究所　2011「障害のある子どもへの一貫した支援システムに関する研究―早期から社会参加にいたる発達障害支援の確立と検証　発達障害支援グランドデザインVer.2―早期から後期中等教育移行にいたる一貫した支援システムの構築」特別支援教育研究成果報告

子吉知恵美　2010「就学前の発達障害児の支援体制について―継続支援のための一考察」石川看護雑誌　7　46-57

田中良三・山本理恵・小渕隆司・神田直子　2007「発達障害児の幼児から小学校への移行」愛知県立大学児童教育学科論集　41　51-67

田丸尚美　2007「5歳代の発達相談から就学に向けての援助」特別支援教育研究　601　393-401

田丸敏高他　2011『子どもの発達と学童保育』福村出版　12-52

田丸敏高　2012「幼児期から児童期へ　発達の特徴と保育・教育の課題」現代と保育　82　24-37

渡部昭男　2014「就学指導から相談支援の仕組みへの移行：２０１２年度の全国自治体調査から」第19回日本特別ニーズ教育学会札幌大会発表要旨集　72-73

（田丸　尚美）

第2章
学童期の発達支援

1　学童期の子どもの理解と指導：ＡＳＤの子どもを中心に

今日の学校の通常学級や学童保育の現場では、発達障害を疑われる子どもがクラスに複数いるのが普通の状況になっています。そのなかで医療機関などで診断を受けている子どもは一部であり、教員や指導員が発達障害の可能性を強く感じながらも、医療機関にはかかっておらず、未診断の事例の方が多いのが実践現場の現状ではないでしょうか。しかし、発達障害の診断を受けているにしろ、いないにしろ、実践現場では一人ひとりの子どものニーズや発達課題をしっかりと理解し、その具体的な手立てを個別指導と集団指導の両面から検討していくことが必要になってきます。

筆者は主に小・中学校の先生や学童保育の指導員の方との事例や実践報告の検討を通して、発達障害の子どもに対する理解と援助の問題を一緒に考えてきました。ここでは、そこで検討した実践事例なども紹介しながら、学童期の発達障害の子どもに対する理解と指導の課題を提起したいと思います。本稿では、主要には「自閉スペクトラム症」（以下、ＡＳＤ）の子どもの問題に焦点をあてて考えていきます。その理由としては、発達障害のなかでも、現在の学校・学童保育の現場でその対応にもっとも苦慮しているのがＡＳＤの子どもの問題であること、また、ＡＳＤの子どもへの指導や支援ができれば、注意欠如多動症（ＡＤＨＤ）など、他の発達障害の子どもに対する指導、援助にも応用がきくのではないかと考えたためです。

ここでは小学校の低学年・中学年・高学年の三つの時期に分けて、それぞれの時期の発達的特徴と、知的な遅れが顕著ではなく、通常学級でくらすＡＳＤの子どもがその時期に直面する問題を整理し、そこから指導・援助の課題を整理していきたいと思います。

1　小学校低学年期のＡＳＤの子どもへの発達支援の課題

(1) 小学校低学年期の発達的特徴

系列化操作の獲得と「自己形成視」の力の発達

低学年期はピアジェのいう具体的操作前期にあたり、以下に述べる系列化操作の獲得が発達のもっとも大きな特徴としてあげられます。

通常の場合、5歳後半頃になると、「少しずつ大きな円になるように系列的に円を描くこと」（服部、2009）はできますが、頭の中の推論によって系列化操作を実行できるのは通常の場合、7歳頃からであり、たとえば、Ａ、Ｂ、Ｃの3本の長さが違う棒（ただし、ＡとＢ、ＢとＣしか比べられないという条件のもとで）で3本の棒の長さの順番（Ａ＜Ｂ＜Ｃ）を推論できるようになり、また、算数では繰り上がり、繰り下がりのある計算問題にも取り組むことができるようになります。この系列化操作の獲得に伴って5歳半頃に誕生してきた「文脈形成力」（たとえば、「あのね……、えっとね……」と言いながら、自分の生活体験を時系列に沿って文脈化して話したり、家から保育園や学校までの道順を角や目印を入れながら描くことができる力）はさらに確かなものになり、たどたどしいながらも自分の生活体験などを文字を使って文章にすることもできるようになっていきます。

また、5歳半頃に獲得される「自己形成視」（過去から比べた自分の変化や成長への理解）（服部、2009）の力もこの時期の系列化操作の獲得によってより確かなものになり、「もう漢字を15個も覚えたよ！」「けん玉で〝もしかめ〟ができるようになったよ」というように、さまざまな活動を通じて自らの成長や変化を感じとり、自己肯定感を育んでいきます。それだけに、お互いの成長やがんばりを認め合い、喜びあえるような発達的な共感関係を築いていく取り組みがこの時期には重要になってきます。

ぼうけん、たんけんのファンタジーの世界の広がり

この時期の子どもたちは「エルマーのぼうけん」などの冒険物語が大好きです。「がっこうたんけん」「まちたんけん」などの取り組みでも「ぼうけん、たんけん」のイメージをふくらませながら自分の生活している学校や地域を探索し、そこでの発見を絵地図などのかたちで表現することもできるようになってきます。

それだけに、この時期、自分の住んでいる身近な地域に仲間と一緒にぼうけん、たんけんに出かけていきながら、どんどんと道筋に沿って生活世界をひろげていくような活動が、安全面に配慮しつつも、求められてきます。そのようにしてぼうけん、たんけんのファンタジーが仲間集団のなかで共有されていくことによって、子どもたちの豊かなつながりや連帯が育まれていくのです。

関係理解の一方向性

その一方で、この時期はまだ他者とのトラブルの原因を双方の視点から考えて問題解決をはかることは困難です。例えば、友だちどうしがケンカしたときの原因も、「友だちが意地悪した」や「ボールを貸してくれなかった」など、一方の原因として捉えられることが多く、自分たちだけではトラブルを解決できないことが多いのです。

しかし、大人が援助すると、自分の視点から離れて、相手の視点に立って考えることも可能になる時期です。また、この時期は大人との関係では大人の考えや発言は「正しい」と考える「他律的道徳」の時期でもあります。したがって、教師や指導員が特定の子どもに対して向ける評価や言動は、そのまま他の子どもたちのモデルとして取り込まれていくだけに、大人の言動が子どもたちに与える影響には十分に留意する必要があります。

(2) ＡＳＤの子どもが直面する課題

ＡＳＤの子どもは、とりわけ就学まもない時期やクラス替えがあった当初は、生活の見通しが持てないだけに、混乱してトイレにとじこもったり、ひたすら自分の好きな活動に没頭してしまい、集団での活動に参加できないこともしばしばです。また、ＡＳＤの子どもの場合、自己形成視の力の獲得が遅れがちです。また、「できた、できなかった」という二分的評価に陥りがちであり、何かの課題などでひとつつまずくと、一気に「できない」「わからない」となってしまってパニックになったり、課題を投げだしたりしてしまうこともしばしばです。

また、仲間同士の関係でも相互的なコミュニケーションを築いていくことが困難であり、相手が「自分の思い通りに動いてくれないと相手をつきとばしたり、手加減なく叩く」などの行動を繰り返し、仲間とのトラブルが絶えない子どもも少なくありません。ちなみに、ＡＳＤの子どもの場合、この段階ではまだ「心の理論」注1は未獲得なため、自分とは異なる相手の立場や気持ちを考えて自分の行動を調整していくことは困難であり、通常の指導でよく使用される「相手の気持ち（立場）になって考えなさい」という言葉がかえって混乱させることにもなる点に留意する必要があります。

(3)個別指導

安心感と見通しをもてる環境づくり

就学間もない頃には、ＡＳＤの子どもは周囲に対する強い不安を感じることがしばしばあるだけに、この時期、新しい環境に見通しを持って生活できるように援助していくことはとても重要です。まずは、担任の先生などの身近な大人が不安な気持ちを共感的に受けとめていくことを通じて、その子にとっての「安全基地」となることが必要不可欠です。また、新しい環境への見通しが持てるように、予定の変更などがあれば、前もって子どもに伝えておくなどの配慮も重要になってきます。

ただし、カリキュラムや活動の流れをできるだけ固定化しようと努力したとしても、生活に変化はつきものです。したがって、ＡＳＤの子どもが状況の変化に合わせて主体的に自らの計画を作り換えていく力の獲得に向けての援助も大切です。たとえば、時間割などになってもらい、時間割の変更の際には、教室の時間割のプレートを自分の手で並べ替えてもらう活動を保障していくことなどもひとつの手立てとなるでしょう。それと同時に、ＡＳＤの子どもとの確かな信頼関係を築くことを通して「不安だけれども、この先生に頼ったらきっと助けてくれるはず」というように、他者とのつながりの中で見通しを持てるように援助していくことも大切です。そうすれば、物理的な環境は変わっても、先生との人間関係を支えにして子どもは生活や活動の「見通し」を築いていくことが可能になるからです。

自己形成視の力の獲得への支援

ＡＳＤの子どもの場合、前述した自己形成視の力の獲得が通常の場合よりも遅れがちであり、自分の過去と比べた成長や変化を捉えることが苦手であることはすでに指摘しました。それだけに、目に見える基準で自分の成長やがんばりが先生や周囲から承認され、自己肯定感を育めるような援助が重要になってきます。たとえば、「前は縄跳びが20回だったけど、今日は45回も飛べたね。すごいね」「この前は5回教室から出たけれども、今日は3回だったね。今日はがんばったね」というようなかたちで系列的な評価を入れ、ＡＳＤの子どもの成長やがんばりをしっかりと認め、励ましていくことが大切になってきます。

子どもの「つもり」（意図）や思いを言語化してやり、適切な行動様式の学習へとつなげる支援

ＡＳＤの子どもの場合、低学年の段階では、自分とは異なる相手の立場や思いを考えることは困難であることは既に指摘しました。それだけに、まずは「こうしたかったんだよね」「このことが嫌だったのかな」というように、その子どもの「つもり」（意図）や思いを読みとって言語化しながら、「そういうときはこうしようね」というように、より適切な行動の方法を子どもが学習していけるように援助していくことが重要になってきます。

このようにして自分の思いを他者から言語化して受けとめてもらう体験は、他者への信頼感や安心感を育むだけでなく、自分自身の感情や思いに気づく力にもつながっていくのです。

困った時に相談できる力、ヘルプを出せる力を育む

別府は、他者に相談できるためには「『困ったら相談してもいい』し、『相談したら何か解決できるかもしれない』と感じられる他者への信頼感と自己への信頼感が必要になってくるのではないか」と述べています（別府、2010）。人間にとっての「自立」とは、他者に頼らずに問題を解決することではなく、上手に他者に依存しながら、あるいは、上手にお互いに迷惑をかけあいながら生きていく術を学びとっていくことなのではないでしょうか。もちろん、この課題は低学年だけでなく、一生涯続く課題であると言えるでしょう。

また、困った時に相談できるためには、まず「自分が今、何に困っているのか」を自分自身が理解できることが大切であり、そのためにも、すでに述べたように、その子どもの思いや困り感を読み取って丁寧に言語化して返していく関わりが重要になってくるのです。

(4)集団指導
すべての子どもたちが学校・学童が楽しいと感じられる活動の創造

通常学級や学童保育での指導では、ＡＳＤの子どもへの個別支援だけでなく、子ども集団全体が学校が楽しいと感じられる活動を創造していくことが大切です。

小２の学級担任の宮崎太郎氏は次のような学級での取り組みを紹介しています（宮崎、2012）。

（冬野菜づくりの取り組みの）次の週の昼休み、突然「先生、リトルハナガシラがいた～」とリクと聡明（ＡＳＤの子ども）が職員室によびにきた。「どこに」と近寄っていくと、ウサギ小屋の穴の中を指さした。「すごいね。先生にはみえないけど、あんたたちには見えるんやね」というと、聡明が「先生、こびと図鑑持ってきていい」としつこく迫るので、意味がわからなかったが、許可した。

次の日の朝から聡明の周りには人だかりがあり、みんな図鑑をみて、まことしやかに「自分はこれとこれをみた」と自慢話をし合っていた。聡明「先生。アラシクロバネはとてもこわいんだよ」私「どのこびとが好きなの？」聡明「カクレモモジリ。かわいいとよ」「でも、みたことあるん」聡明「ないよ。あんね。リトルハナガシラは木の上におるったい。強くて犬を噛みちぎるとよ。ちょうちょとか食べるらしいよ」

こんなに目を輝かせて説明する聡明をみたのは久しぶりだった。「先生、昼休み、探しにいっていい」「いいよ。誰といくの?」「リクがおる。悠馬やろ、太陽やろ」聡明の口からたくさんの子の名前が出てきたことにびっくりした。

10名ぐらいのこびと探検隊は学校中を周り、何匹かのこびとを発見したと報告してくれた。ケンが中心となってみんなを集めていたので、ケンにこびとクラブの提案をすると提案に乗ってくれた。休み時間になるとこびと図鑑を持ってきた何人かの男どもがとてもマニアックに説明し、仲良く話していた。聡明は興奮状態で、大声で叫びながら話し込んでいた。一躍クラスの有名人になった。こびとクラブの結成は男子のオタッキーな軍団とケンたちスポーツ万能な集団が意気投合した瞬間だった。

ASDの子どもにとって、ファンタジーの世界への埋没が現実生活の生きづらさや苦痛から逃れる場になることは少なくありません。あるASDの子どもは授業中もポケモンワールドに入り込んでいくことで、学校生活での苦痛から逃避していました。しかし、この「こびとさがし」のぼうけんのように、それが一人だけのファンタジーではなく、仲間と共有されたものになるとき、仲間とつながり、連帯していく力を発揮するものにもなり得ることをこの実践は示唆しています。

ASDの子どもの行動の「わけ」を説明したり、一緒に考え合う取り組みを

ASDの子どもがパニックなどの行動に至った時には、その行動ではなく、その背後にある「わけ」や思いを他の子どもたちに伝えていくことも大切です。あるいは、「ねえ、今、○○ちゃんが泣いているんだけれども、何で泣いているのか、わかる人がいたら教えてくれない?」というように、他の子どもたちと一緒にASDの子どもの思いを考える取り組みも有効です。このような取り組みの積み重ねが、他の子どもたちにとっても、ASDの子どもの表面的な行動ではなく、行動の「わけ」や思いを共感的に理解していく力を育むことになっていく

のです。実際、小2の学級担任で、子ども集団の中でトラブルが起こるたびに、その行動の「わけ」を考える取り組みを粘り強く進めていた篠崎純子氏の学級では、やがて学級の合言葉が「必ずわけがある」になり、班長会がこの言葉を大きなポスターにしてくれたそうです（篠崎・村瀬、2008）。

このように、常に行動の「わけ」を考えていくことが、ASDの子どもだけでなく、他の子どもたちにとっても他者を理解するための大切な学びにつながっていくのです。

2 小学校中学年期のASDの子どもへの発達支援の課題

(1) 小学校中学年期の発達的特徴

小学校中学年の時期は障害児教育の分野では、聴覚障害や軽度の知的障害の子どもたちが学力的に伸び悩む時期であり、このことから「9歳のかべ」という言葉が使われたこともありました。今日では、「9、10歳の発達の節目」とよばれ、具体的思考から抽象的思考へと離陸していく時期であるとされています。ここでは、社会性の発達の側面に視点をあてていくつかの観点から見ていきます（詳しくは楠、2009などを参照）。

二方向的、相互的な関係理解と自己客観視の成立

低学年の時期では対人関係の理解は一方向的であり、一方の立場からしか考えることが困難でしたが、この時期になると、お互いの視点を考慮した相互的な関係理解が可能になります。たとえば、友達同士のケンカの原因なども、「どちらか一方が悪い」と考えるのではなく、「お互いの意見が合わなかったら」というように相互的なものになり、したがって、その問題解決も「お互いに悪いところをあやまったら」というように、双方の努力に

よる問題解決を考えるようになっていきます。

このような相互的な関係理解の力を基盤としつつ、この段階になると自分の行動や性格などを相手の視点から客観的に捉えることが可能になり、たとえば「あなたはどのような人?」と尋ねられた時も、「はずかしがりです」「おこりんぼです」というように、自分の性格などを客観的に捉えた記述も増加してきます。

しかし、そのような「自己客観視」の力は同時に、ひとつの「発達の危機」を生み出す危険性もあります。例えば、児童養護施設で暮らしていた子どもが、自分が他の子どもたちとは違った環境で暮らしていることに気づき、自分を異質な存在と感じてしまうことで、自尊感情の低下につながる危険性も指摘されています。

仲間集団意識の強まり

また、この時期は同性の子どもと徒党を組んで自立した集団を築き、仲間の掟や秘密の世界を創造していく時期です。「われわれ意識」が強まり、お楽しみ会や遠足の計画などの際にも、「大人の手を借りずに自分たちの手で計画したい」という意欲が育まれていきます。それと同時に、集団のウチとソトの意識を強め、グループ間の集団的対立に発展したり、発達障害の子どもなどに対する「異質性の排除」としてのいじめを生み出す危険性も高まってきます。しかも、そのようないじめは、子ども集団の自治のエネルギーを発揮する機会を奪われていくとき、いっそう激しくなってしまいます。

しかし、この時期はさまざまな活動でお互いのよさを発見していくことを通じて、他者への多面的な理解が育まれていく時期でもあります。それだけに、それぞれの子どもたちが多面的なかたちで評価されるような活動の機会を保障していくことが大切になってきます。

(2) ASDの子どもがこの時期にしばしば直面する問題

知的障害を伴わないASDの子どもの場合、この頃から「心の理論」の獲得が始まり、自分とは異なる相手の立場や気持ちが考えられるようになってきます。しかし、そのことがかえって他者からの評価やまなざしに過敏になり、否定的な感じ方を強めてしまうときもあります。別府は、「高機能自閉症児は社会性のコンピテンス（例えば、友だちがたくさんいるかどうか）が小2から小4にかけて急激に低下」するとしています（別府、2007）。

実際、ASDの子どもに顕著に見られる「できる・できない」のような二分的な評価の強さとも相俟って、実際には自分を受けとめてくれる仲間がいる状況でさえ、「自分はみんなから嫌われている」「自分なんかいないほうがいいんだ」「みんな、バクハツしてしまえばいいんだ」というような激しい自己否定や他者否定の言葉につながっていくこともしばしばです。

(3) 個別指導：自分の発達特性に対する理解への援助を

別府は、「9、10歳の発達の節」以後は、ASD児にとっても、信頼できる他者（教師や家族）と自分を対象化する（みつめる）作業を本格的に行うことが可能になる時期であり、「抑えられない感情」についても、①なぜそうなるのか、②どうやったらコントロールできるのか、③コントロールできない場合はどうやって回避するかを本人と一緒に考え、対応することが可能になるとしています（別府、2010）。この「自分を対象化する力」に支えられて、パニックを起こした時にも、その原因について大人と一緒に考え、対処の方法を考えることも少しずつ可能になっていくのです。

例えば、小4の学級担任の原田真知子氏はASDの傾向が疑われるヒロトについて、次のような取り組みを報告しています（全国生活指導研究協議会、2013）。

本人も周りの子も分析的に見られるようにと、パニックに名前をつけたりもした。物を失くしたときの「ものパニ」、時間を気にしての「じかパニ」、順番にこだわる「じゅんパニ」、うまくいかなかったり負けそうになったりしたときの「まけパニ」など。パニックがおさまってからヒロトや周りの子どもたちと語り合うとき、「名前」は有効だった。「さっきのあれは『じかパニ』だったね」と言うと、「そうですね。ぼくはちょっと時間にこだわり過ぎるところがあるんですよね」と、ヒロトも次第に冷静に言えるようになった。

以前は「しょっちゅうパニックを起こす変な奴」と周囲の子どもたちから見られ、排除されていたヒロトでしたが、原田氏がヒロトのパニックに名前をつけてやることで、パニックのわけを他の子どもたちも理解できるようになり、「先生、さっきのヒロトのパニックは『じかパニ』だったよね」と他の子どもが先生に話しかけてくるなど、「頻繁にパニクるヒロト」から、「ヒロトが今回パニックを起こした原因は何だったんだろう」と考えられる集団に変わっていきました。もちろん、そのような変化は原田氏が他の子どもたちの思いもしっかりと受けとめる「子ども集団づくり」を進めていたことには注意が必要ですが、このようにして、パニック時の自分の感情を一緒に考えてもらえることによって、ＡＳＤの子どもも自分の発達特性への理解を深め、上手に周りに支援してもらいながら自分自身とつきあっていくことが、少しずつですが可能になっていくのです。

⑷集団指導

すべての子どもが安心して自分を出せる子ども集団づくり

自分の思いが大切にされている、安心して自分の思いが出せると他の子どもたちが感じられない状況では、周囲の子どもたちに発達障害の子どもの思いを受けとめることを求めてもそれは困難です。発達障害の子どもたちへの援助の前提として、すべての子どもたちが、自分がこの集団のなかで大切にされていると感じられる子ども集団づくりを進めていくことが大切です。

子どもどうしの多面的評価が可能になるような多様な活動の保障

とりわけ中学年の時期は、多様な活動があり、いろいろな場面で子どもたちが参加し、評価されていくことが、自己と他者に対する多面的な理解と評価を築いていくことにつながります。その中で、ＡＳＤの子どもも自分の興味や得意なところを生かしながら、仲間集団に能動的に参加し、仲間から肯定的に評価される機会を築いていくことが大切です。

小３の担任の都築一郎氏は、次のような学級活動の取り組みを進めています（都築、2009)。

運動会後、Ｎ男が「先生、ビーズもってきていいか」と聴いてきた。特別に一週間だけもってきていいことにした。次の日から、Ｎ男の周りにビーズで遊ぶ子どもたちの輪ができた。Ａ男（楠註：未診断だが、ＡＳＤの傾向を強く感じる児童）もその輪の中にいた。運動が苦手な男子が集まっていた。次の週もやらせてほしいと要求してきた。そんなに楽しいのなら、もっとみんなに呼びかけて「ビーズクラブ」を作ったらと、Ｎ男に提案した。Ｎ男は「ビーズクラブ」を作ったことを終わりの会でみんなに伝え、加入を呼びかけた。ビーズクラブは盛況で、Ａ男も入っていた。その後、「マジッククラブ」「イラストクラブ」「おしゃれクラブ」「鉄棒クラブ」「折り紙クラブ」などが誕生した。

ビーズクラブは作品展を教室で開いた。A男もみんなと一緒に折り紙を楽しんでいた。ビーズクラブが作品展を開いたので、折り紙クラブも開きたいといってきた。A男も飛行機やだまし舟、奴さんなどの作品を展示した。色紙の提灯をつくり1メートル以上もつないだ大きな作品をクラブの子どもたちは作った。そのきっかけを作ったのはA男であった。…（中略）…12月には「班対抗紙飛行機大会」を計画した。今までの行事で実行委員を経験していない子どもたちが各班から選出され、実行委員会をつくり、実施することになった。A男は実行委員長に自分から立候補した。副委員長になったI男やK男が支えた。各班では休み時間には、廊下や中庭で紙飛行機を飛ばして遊んだ。A男は紙飛行機が好きでいろんな折り方も知っているので、作り方を知らない女子などに教えてあげた。そんな時のA男は生き生きしていた。

三学期になり、A男のカメ（楠注：教室の隅で手足を縮めて亀のように固まってしまう行動）は見られなくなった。嫌なことがあると固まることはあったが、じっとうつむき、クールダウンすることを覚えた。その時間も次第に短くなっていった。

このように、ASDの子どもも主体的に参加できるような多様な文化活動を自治的に展開していく取り組みを通じて、仲間集団から評価・承認される機会を創造していくことができれば、この時期の自尊感情の低下を予防していくことにもつながっていくのです。

ASDの子どもの行動の背後にある思いを一緒に考え、言葉で伝える取り組み

ASDの子どもは周囲からは了解しにくいかたちで問題を起こすこともしばしばです。しかし、行動の「ワケ」

を子ども集団で読み解き、理解していくことは、低学年に引き続き重要な課題です。

村瀬ゆい氏は、ＡＳＤの傾向をもつ真琴（小3女児）について次のように描写しています（篠崎・村瀬、2009）。

真琴がキレた原因は「遊び係がフルーツバスケットをすると言ったのに、勝手に別のゲームをした。ルールが間違っている」ということだった。納得できないことがあっても言葉で表現できないために荒れてしまう。ぶっ殺すという言葉はあるんだけれとも、自分の穏やかな心を表わす言葉がない。（中略）興奮がおさまった真琴は、ゴミの中でうつむいて立ちつくしていたんですが、理由を聞くと「自分がゴミを取ろうとしていたのに、サブがゴミを取ってしまった。廊下は私なのに、勝手に私の分まで取った」ということが理由だとわかりました。相手の優しい気持ちと真琴の『つもり』がすれ違っていたんです。

他の子どもから見れば、真琴のキレた理由は容易には理解できないものです。しかし、村瀬氏は真琴が落ち着いた後、丁寧に真琴の話を聴きとり、それを他の子どもたちに伝えていくなかで、他の子どもたちも真琴の「キレる」行動の背後にある思いを理解できるようになっています。また、真琴のなかにも、自分がキレた理由をみんながわかってくれているという安心感が生まれてくるなかで、少しずつではあっても自分の思いを「キレる」のではなく、言葉で伝える力が育まれていきました。

対立やトラブルの原因を視覚的な支えも入れつつ、考える機会を保障していくこと

対立やトラブルが生じた際に、その場面を絵に描いて考えたり、「ＶＴＲ巻き戻し」（「再現ビデオ」のように、時系列にしたがって起こった出来事を実演しながら、トラブルの原因を考える取り組み）などを通じて、視覚的なかたちでお互いの関係や思いを理解できるように支援していくことも一つの方法です。

篠崎純子氏は、トラブルを視覚的に振り返る取り組みとして、「プッブツ棒人間ストーリー」の取り組みを紹介しています（篠崎・村瀬、2009）。

> 友だちとトラぶっても認めない、謝らないなど、状況把握が悪い子どもたちには「いつ・どこで・誰が・誰と・何を・どうしていったのか」をブツブツ言っている話の中から聴き取ります。脈絡のない話でもよーく聞くと、彼らなりの「つもり」が浮き出てきます。それを棒人間でストーリー風に書いていきます。吹き出しには、そのとき言った言葉を書き、「 」にはその時、心の中で思ったことを考えて書きます。パニクっている時は無理ですが、少し落ち着いた時、気持ちを聞き込みながら、いっしょに相手の棒人間の気持ちを考えます。絵にすると客観的にとらえられやすくなるようです。

このように、ロールプレイや絵に描いての表現などは、ＡＳＤの子どもの相互的な関係理解の困難さや他者の感情理解の苦手さを補う意味でも有効であると考えます。

3　小学校高学年期のＡＳＤの子どもへの発達支援の課題

(1) 高学年期の子どもの発達的特徴

親密な友情の形成と、違いのもう一歩深いところにある「同じ」の発見

アメリカの児童精神科医だったＨ・Ｓ・サリバンは、前青春期（preadolescence）は他者の喜びや悲しみを自

らの喜びや悲しみと同等の価値をもつものとして感じられる「愛」の能力が作られる時期であるとし、これを「前青春期の静かな奇跡」と呼びました。この前青春期にあたる高学年の時期になると、友人関係も中学年の時には一緒に好きな活動ができる仲間が中心であったのに対し、より内面的な思いを表現し、共感し合える関係が重要になっていきます。

また、この時期、表面的な言動の背後にある他者の思いや願いをより深く理解できるようになるとともに、他者の中に、表面的な「違い」のもう一歩深いところにある「同じ」を発見できるようになっていきます。例えば、第二次性徴などで個人差（違い）はあるとしても、みんな自分の身体の変化にさまざまな戸惑いや不安を感じていたり、大人に向かう大切な時間を生きているという点では「同じ」なんだというように、他者の中に個人の違いを越えた「同じ」を発見し、共感関係を築いていくことができる時期でもあります。

同性の親密な「私的グループ」の形成

この時期は「似たものどうし」が集まった同性の「私的グループ」がしばしば作られていく時期です。この私的グループは、自分たちだけの「秘密の世界」と「仲間の掟」を創造していくことによって自治の力を育んでいく場であると同時に、しばしばグループ外のメンバーとの交流を遮断した「閉鎖的なグループ」になっていく危険性もあります。また、グループの他のメンバーに過剰に気を遣って、自分の思いを抑え込んだり、グループのボスの子どもの指示に逆らえないため、誰かを仲間外しにするいじめに加わらざるを得ないような事態も生じてきます。それだけに、この私的グループ内の人間関係がお互いの思いを大切にし合える相互尊重の関係に発展していくように援助していくことが重要になってきます。

(2) ASDの子どもたちがこの時期に直面する問題

この時期、ASDの子どもも自分のことをわかってくれる関係を強く求めるようになります。しかし、そのことが逆に、わかってもらえないと感じた時の傷つきや怒りを拡大させ、パニックを深刻化させてしまう場合もあります（服巻、2011）。

もちろん、この時期、苦労しながら他者の思いや感情を理解し、集団のなかに参加の通路を開いていけるASDの子ども、また、自分にとって比較的等質的な仲間と出会い、そのなかで親密な友情の関係を形成していくことができる場合もあります。しかし、そのもう一方で、対人関係での被害的認知が強まり、頻繁にトラブルを起こしたり、迫害的ないじめのターゲットにされて二次障害が深刻化していく危険性があることにも十分に留意する必要があるでしょう。

(3) 個別指導：自分の発達特性との上手な付き合い方の学習を

吉田友子氏は児童精神科での告知の方法を紹介しています（吉田、2011）。

○○くんはなぜ□□先生に会いにきていると思いますか？

□□先生は児童精神科のお医者さんだけど、○○くんは病気ではありません。○○君は自閉症という脳のタイプなのです。自閉症の人は、まじめで正直な努力家が多いです。好きなことには一生懸命にとりくみ、知識を覚える事も得意です。自分が納得したルールなら人一倍まじめに守る誠実さがあります。でも、自分の気持ちをうまく言葉で説明するのが苦手な人が多いです。友だち付き合いで苦労することもよくあります。（中略）自閉症は病気じゃないから治す必要はありません。でも一人ひとりに合った工夫が必要です。その方が自分もまわりの人も幸せになれます。（中略）〇〇くんなら、きっといい工夫をたくさん見つけていけます。先生たちも手伝いたいと思っています。〇〇くんのいいところがもっともっと発揮できるようにこれからも相談にきてください。

このようにして、自分自身のことを肯定できるようなかたちで自分の発達特性を受け入れていけるように援助していくことが大切です。ただし、診断にもとづく告知を学校の教員や学童保育の指導員がすることはできませんし、現実の実践現場では、ＡＳＤの特徴を強く持っていても、未診断の子どもたちも多くいます。しかし、診断のあるなしにかかわらず、自分の発達特性と上手に付き合っていけるように支援していくことは重要な課題です。例えば、次のような言い方であれば、未診断のＡＳＤの子どもに対しても可能なのではないでしょうか。

「人間、誰でも得意なこともあれば、苦手なこともあるよね。算数が得意な人もいれば、苦手な人もいるし、走るのが早い人もいれば、苦手な人もいる。同じように、あなたにも算数の計算のようにとても得意なこともあるし、逆に、自分の気持ちを言葉にして表現するのは苦手ということもあるよね。でも、誰にだって得意なこともあれば、苦手なことだってある。だから、あなたの得意なところを生かしながら、苦手なところは周りに上手に助けてもらいながらやっていこうね」

このようにして、自分自身の発達特性をありのままに理解し、周囲からの支援も受けつつ、上手にそれと付き合っていく力を育んでいく取り組みが大切になってきます。

⑷ 集団指導：「違い」のもう一歩深いところにある「同じ」を発見し、共感関係を築く

小6の担任の佐藤奈津子氏の実践では、五月中頃になると、少しずつ、子どもたちの日記の中に、学級内で頻繁にトラブルを起こしていた光彦（ASDの疑い）のことが登場するようになります。初めは「光彦君も頑張っているんだということがわかってきた」といった第三者的な視点からのものでしたが、自分との共通点に気付くようになった子どもたちの日記に、下記のような記述も出てくるようになってきます（佐藤、2011）。

・わたしは光彦君の気持ちが分かる。光彦君は本当は友達がほしくてアピールしているんだろう。でもすればするほどうまくいかなくて……私も同じ。ただ、私はもう慣れちゃったけど（笑）
・私は小さかったとき今の光彦君みたいに地団駄踏んで大泣きしていた。上から目線の意味ではなく、あの頃の私はみんなにどうしてほしかったんだろうとこの頃思うときがある。

佐藤氏はこのような日記を本人の了解を得て全体に紹介していきます。明らかに「異質な存在」であった光彦の中にある、自分たちと「同じ思い」を子どもたちが発見できたとき、本当の意味でASDの子どもと他の子どもとのあいだの共感関係が生まれてくるのでしょう。

このように、「みんなちがって、みんないい」を越えて、「違い」のもう一方深いところでの「同じ」を発見し、共感関係を創造していくことによって、ASDの子どもと他の子どもたちとの間に真の意味でのつながりと友情が育まれていくのでしょう。そして、このような友情とつながりに支えられて、ASDの子どもも自らの発達特性への等身大の理解を基盤にした、確かな自己肯定感を育んでいくことができるのではないでしょうか。

通常学級や学童保育の子ども集団の中に発達障害の子どもが多く含まれていることが、集団指導の困難さ、ときには「学級崩壊の原因」にされてしまうことがあります。たしかに多くの実践現場で、発達障害の子どもとのかかわりで大変な悩みや苦労を抱えている先生方がどれほど多くいるか、私自身が現場の先生方からの相談を受けるたびに痛感しています。しかし、荒川は、「インクルーシブ教育は障害児教育の改革ではなく、学校教育全体、とりわけ通常教育の改革が中心となるべきものである」「学習者の差異や多様性は、教授・学習上の『問題としてではなく、学習を豊かにする機会として捉える』べきである」とユネスコの提起を引用しつつ指摘しています（荒川・越野、2013）。実際、本章で紹介した小学校の実践家の多くは、発達障害の子どもを含む多様な子どもたちがいることを集団の弱さ、困難さとして捉えるのではなく、学びと育ちの豊かさにつなげる実践を展開しているのです。

そのためには、発達障害の子どものもつ独自のアイディアや発想を集団での生活、遊びに生かしていけるだけの実践現場のゆとりも必要不可欠でしょう。インクルーシブ教育の創造が大きな課題となってきている今日、ＡＳＤをはじめとする発達障害の子どもたちが子ども集団の中にいることを豊かな学びの契機にしていけるような実践的な営みとそれを支える教育・保育条件整備が切実に求められているのです。

注１　「心の理論」とは、「自分とは異なる、他者の信念や確信を把握する認知の能力」のことです。一番単純な「心の理論」の診断には「サリー・アン課題」がしばしば用いられます。通常の場合、この課題では４歳頃の幼児でも自分のそれとは異なる他

者の信念や確信を推論できるのに対して、ＡＳＤの子どもは言語発達年齢が９～10歳になってやっと「心の理論」の課題を通過するようになるとされています。詳しくは、杉山登志郎（2003）『特別支援教育のための精神・神経医学』学研　74-77　などを参照。

引用・参考文献

荒川智・越野和之　2013『インクルーシブ教育の本質を探る』全障研出版部　26
別府哲　2007「高機能自閉症児における『９、10歳の節』と自他理解」アスペエルデの会編　アスペハート　17　10
別府哲　2010「学校現場での支援の基本的な進め方」別府哲・小島道生編『「自尊心」を大切にした高機能自閉症の理解と支援』有斐閣選書　第６章　175
服巻智子　2011「思春期とアスペルガー症候群」そだちの科学　17　63
服部敬子　2009「５～６歳の発達の姿」白石正久・白石恵理子編『教育と保育のための発達診断』全障研出版部　第７章　137-158
楠凡之　2009「７～９、10歳の発達の質的転換期」白石正久・白石恵理子編『教育と保育のための発達診断』全障研出版部　第８章　159-177
楠凡之　2012『自閉症スペクトラム障害の子どもへの発達援助と学級づくり』高文研
宮崎太郎　2012「聡明の世界を集団へ拓く」全生研第54回全国大会紀要　66-67
佐藤奈津子　2011「君は一人じゃない――苦しんでいる子を真ん中にして」生活指導　53(3)　31
篠崎純子・村瀬ゆい　2008『ねえ！　聞かせて　パニックのわけを』高文研　64, 196-197, 81
都築一郎　2009「『カメ』になってもいいよ」生活指導　51(3)　13-17
吉田友子　2011『自閉症・アスペルガー症候群「自分のこと」のおしえ方』学研教育出版　22
全国生活指導研究協議会　2013『いじめ　迫害　子どもの世界に何がおきているか』クリエイツかもがわ　49

（楠　凡之）

2　個へ の支援からインクルーシブ教育へ
：小学校の巡回相談の現場から

1　支援児（ケン君）を挑発・同調する子どもがいるクラス

ある小学3年生のクラスの授業の様子です。このクラスには、特別な支援が必要だと先生が考えている児童がいます。ケン君は突飛な行動や多動・暴言が多く、とくに行動が目立ちます。

ケン君はＬＤ（学習障害）を伴うＡＤＨＤ（注意欠如多動症）だと言われています。授業は困難の連続です。板書をノートに写そうにも、黒板からノートに目を落とし、再び黒板に目を移すと、写している個所がわからなくなります。「ろ」と「る」など、似た形の文字を弁別することが難しい。いらいらしてきてノートを黒く塗りつぶしてしまい、苦しくなり、顔を机に伏せてしまいます。まだ懸命にノートに向かって格闘しているのに、いつも友だちは書き終えていて、先生は次の指示を出します。友だちのノートが気になり、教室内を立ち歩いてノートを覗き込みます。「キタネージダナ（汚い字だな）、オマエ」と大声で暴言を吐きます。自分が友だちのようには書けない辛さと不安を隠しているのです。

ケン君は、漢字を書くのをあきらめて絵を描いていることがよくあります。そういうときに、斜め後ろの席のマサ君が、ケン君のノートをのぞきに来ます。小声で「ケン、（漢字の書き方が）ワカンネーノ」とからかいます。ケン君は「絵、描いてんだよ」と言いながら、むしゃくしゃして、席を立って、隣の列のトシ君の筆箱の中をいじりだします。トシ君は、嫌がりながらももじもじして拒否はしません。それを見て、ジン君が悪乗りして、トシ君が大切にしている消しゴムを取り上げてしまいます。「やめろよ」と抵抗して、いざこざになります。

先生は見かねて、「ジン君、トシ君に返しなさい」と指示します。ジン君は「ケンがやったんだよ、なんでオレダケ」と反論します。「とにかく二人とも席に着きなさい」と言われて、むっとしていると、マサ君は「うわー、怒られた」と、二人をからかいます。ジン君は、トシ君に消しゴムを投げ返して席に戻りますが、ケン君は、廊下に出て行ってしまいます。

2 「ワー、マチガエタ」「オレモワカッテイタノニー」

これは、このクラスに毎週通ったボランティア学生の記録をもとに、状況を再構成したものです。筆者は巡回相談員として、ケン君を中心に観察していても、なぜ、ケン君が荒れるのか、このような状況を気づくことは容易ではありませんでした。

もっとも行動が目立つのは、ケン君です。しかし、学生によれば、多くの場合、マサ君がケン君を挑発して、その結果、ケン君の行動が荒れていました。しかも、担任の先生は、そのことに気づいていなかったということです。子どもに近い位置で、子どもに寄り添うことを継続したボランティア学生だから気付くことができたのでしょう。先生は意外に気付かないのかもしれません。

そのマサ君ですが、算数が苦手です。友だちや先生に認められたい気持ちが人一倍強く、挙手して答を発表したがります。他の児童が答えると、「おれも分かっていたのに」と大声で言い、他の児童が間違えると、「わー、間違えた」と叫びます。とにかく、教室内では、友だちの失敗や欠点をからかったりすることが多いのです。

3　クラスの構造

特別支援が必要な子どもがいるクラスの状況は、おそらく多様でしょう。しかし、筆者の経験では、上述の状況と基本的に共通する、典型的といえる構造があると感じてきました。それを一般化したものを図1に示します。

まず、支援児であるケン君を中心に見てみましょう。授業内容や先生の話が理解できなくなって退屈になったり、友だちの活動から排除されると、寂しくなったり不安になります。それがケン君の問題行動を引き起こします。

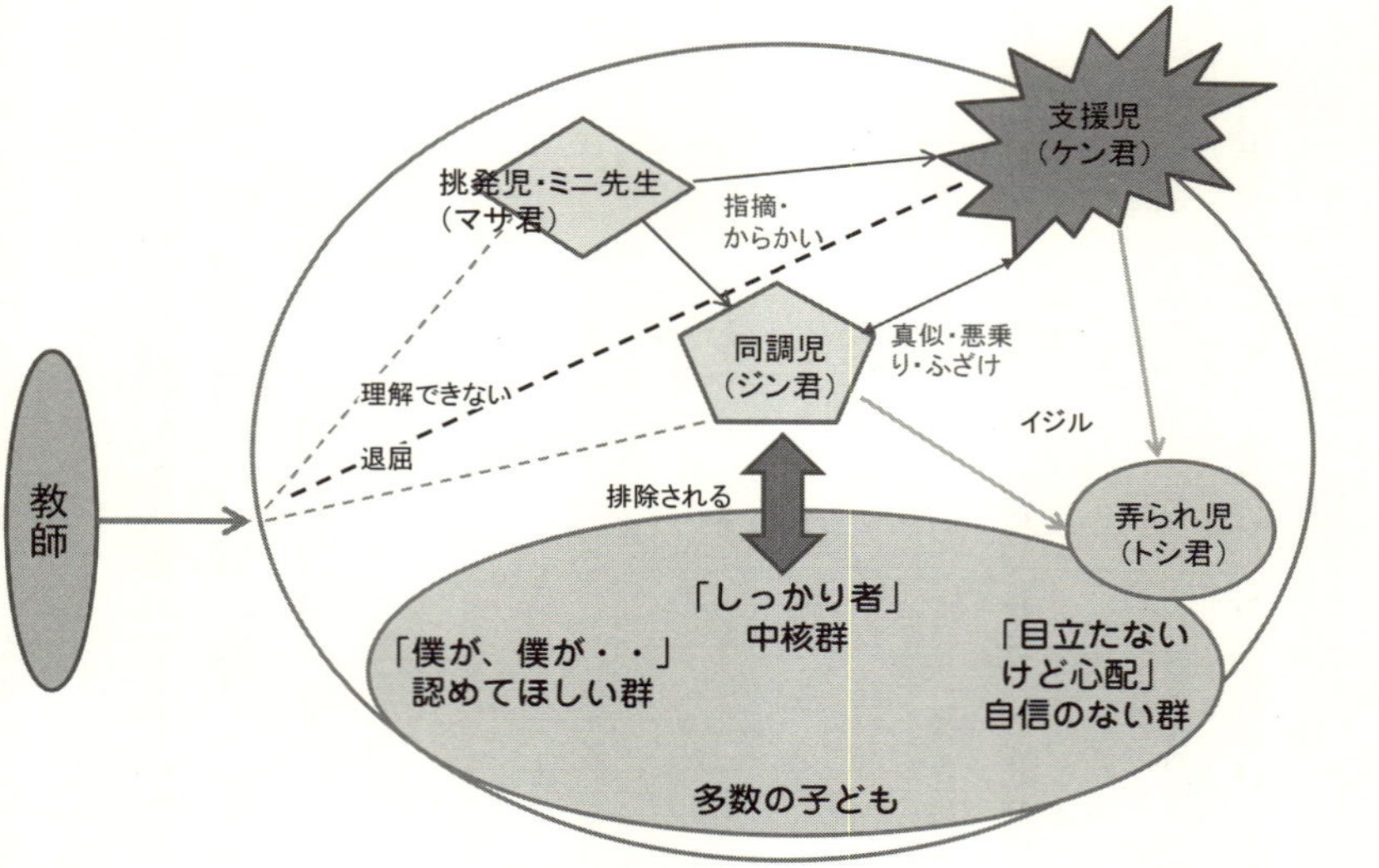

図1　支援が必要なクラスの状況

一方、ケン君の周囲の少数の子ども（マサ君など）は、退屈になったり排除されると、しばしば、ケン君に「間違えた、わかんないのー」と、ケン君の自己評価が下がるような言葉で挑発したり、「ちゃんとしろよ」というミニ先生的な言動をします。それらいずれも、ケン君の状態を不安定にします。（逆にケン君が挑発することもあります）。

さらに、ケン君が不安定になると、同調するように騒ぎだす子ども（ジン君）がいます。先生は、ケン君が特別な支援が必要なことを理解し、叱責や注意することでケン君の状態が悪化することを理解しています。ケン君が立ち歩いたりしても、多少の行動は見守って対応します。しかし、わざとふざけて同調するジン君には注意します。そうすると、「なんで、ぼくだけが叱られるのか」と不満を口にします。子どもたちにも、ジン君のような気持ちがあると、ケン君に注意・叱責せざるをえなくなり、ケン君は不安定になります。

また、挑発されたケン君や、叱責されたマサ君・ジン君の怒りやむしゃくしゃした気持ちをぶつける対象になりやすい子どもがいる場合があります。あまり自己主張しないタイプで、弄《いじ》られ児（トシ君）とでも呼ぶことができます。

一方、クラスの多数の子どもは、ケン君には特別な配慮が必要なことは理解しているのが普通です。とくに、「しっかり者」とでも呼ぶべき中核的な子どもたちは、先生が注意や叱責ばかりして、授業がたびたび中断することよりも、楽しい授業が展開することを期待しています。

ところが先生が、ケン君やその周囲の子どもに対応していると、多数の子どもの緊張感や集中力が失われます。その状態が継続すればクラス全体が落ち着かなくなります。

筆者は、このような状況を、先生が一部の子どもへの意見だけを尊重し、多数の子どもの意見が軽視される現象という意味で「少数者バイアス効果」と呼び、その危険性を指摘してきました（浜谷、2009）。

4　取り出して個を支援しても状況は改善しない

先生は特にケン君への配慮や対応が必要だと考えています。しかし、ケン君の問題行動は、ケン君自身が原因というよりは、クラスの複数の要因との関係の中で生じているのが実態です。特に、マサ君のような挑発する児童へ適切な支援をすることが、ケン君に直接支援すること以上に状況の改善に効果があるはずです。

ケン君は読みや書きの学習障害をもっています。たとえば、ケン君をクラスから取り出して、ケン君が安心できる場で、能力に応じた読み書きの学習支援をするとします。おそらく、取り出した場では、ケン君は見違えるように落ち着いた状態になり、ケン君なりのペースで学習が積み上がるでしょう。しかし、クラスに戻れば、状況は変わらないので、同じように不安定になるはずです。つまり、取り出した場で行動が改善されても、クラスでの状況は変化しないのです。クラスのなかのケン君を支援するには、クラスの状況が改善するように支援するしかないのです。

図1で見れば、少なくとも、まず、先生の指導や授業が、ケン君を含めた不安定な子どもたちにとって、理解できるものとなり、退屈にならないようにすることです。次に、その不安定な複数の子どもたちに配慮や支援を行う必要があります。さらに、実は、多数の子どもたちの期待に応えることが、それ以上に重要です。

5　休み時間の支援児：排除された集団

それは具体的にはいかなる配慮・支援でしょうか。次の休み時間から授業開始場面のエピソードから考えてみましょう。

休み時間。ケン君、マサ君、ジン君が教室の後ろのロッカーの上に座ってゲームの話をしています。授業開始のチャイムが鳴り、先生が授業を開始しても、すぐには席に戻ろうとしません。しばらくして、三人はトシ君の席に行き、トシ君を取り囲みます。ケン君がトシ君の筆箱をいじり始めます。2人も同調します。トシ君は笑いながら見ています。そのうち、マサ君がトシ君に見えるように練り消しゴムをポケットに入れます。トシ君は「やめろよー」とマサ君の手をつかもうとします。ケン君が、「マサ、パス」と言って、からかい遊びになります。

ボランティアの学生によれば、トシ君を含む四人は、いつも休み時間は一緒にいて、他の子どもたちと関わる場面はほとんどなかったといいます。まるで、四人は大の仲良しのように見えます。しかし、それは一面的な見方でしょう。

友だちはどのように字を書いているかをひどく気にしているケン君。解答を言って自分ができることを友だちに知ってもらいたい気持ちが人一倍強いマサ君。その背後にあるのは、クラスの友だちに認められ仲良くなりたいが、そうなれない寂しさでしょう。四人はお互いに一緒にいることを選択しているように見えて、実は、他の子どものなかに入っていけない、仲間にはなれない、しかたなくいつも一緒にいる、そう解釈すべきでしょう。

ケン君は、読み書きが困難なので、授業では学習できない状態で放置されています。ケン君にとって辛いことです。しかし、それ以上に辛いことがあります。友だちから遅れ、自分だけできない、その辛さです。クラスという場にはいますが、自分が仲間の一人だと思うことができないのです。基本的な安心感がはく奪され、排除されていると感じています。この感覚は、学習できないこと自体よりも、はるかに辛いのです。

仮に、ケン君やマサ君が授業は理解できないが、先生の指示に従って、行儀よく着席しているとしましょう。そうすれば、おそらく、授業の大半の時間は、ケン君やマサ君の存在が忘れ去られて進行していくのではないでしょうか。自分はいてもいなくてもいい存在、透明人間のような存在になってしまいます。自己が匿名化され、排除された感覚は、寂しさを超えた恐怖の感覚でしょう。ケン君たちの問題行動は、透明人間として忘れられるという形で自分が排除されることを拒む、悲痛な叫びです。

6 インクルージョンを実現する教育実践

ケン君やマサ君たちが排除されるのではなく、クラスの仲間として認められる、すなわち、インクルージョンされる配慮・支援、それが問われます。

筆者は、状況が改善されたケースに何度か出会ったことがあります。また、担任・学校は発達障害などに関して特別な関心と専門性はなくても、ケン君のような子どもたちを含むクラスを安定的に楽しいクラスとして作っていることは珍しくありません。それらのクラスは、インテグレーション（統合）というよりは、インクルージョン（包摂）が実現していたと言えます。両者の違いの一端を図式化したのが図2です。

　教師は子どもたちをひとつのものさしで見ようとすること、これが「統合」の特徴です。図2で、ケン君以外の子どもは全員、同じ◯で描いてあります。ものさしは子どもを序列化するので、子どもの◯の大きさが違います。支援児だけは、ものさしで測れない特徴をもち、教師にとって対応が難しいので、ギザギザ形で描いてあります。

　教師はクラス集団に対して定型的な授業を行おうとします。支援児が適応できるように、支援者（教師自身だけでなく、各種専門家や支援員など）が個別対応して、ギザギザ形を◯にしようとします。

　一方、教師が子どもたちを、複数のものさしで（多元的に）見るのが、インクルージョンです。子どもたちは異なる形をしています。教師は、定型的な授業に関する力量を有しながらも、子ども一人ひとりの意見を尊重し、それを満たすように臨機応変に授業を創造します。子ども一人一人の違いを尊重し楽しんでいます。とりわけ、子どもが独自に意欲をもつことや、それぞれの持ち味を引き出して、それを集団的な活動に活かしていきます。

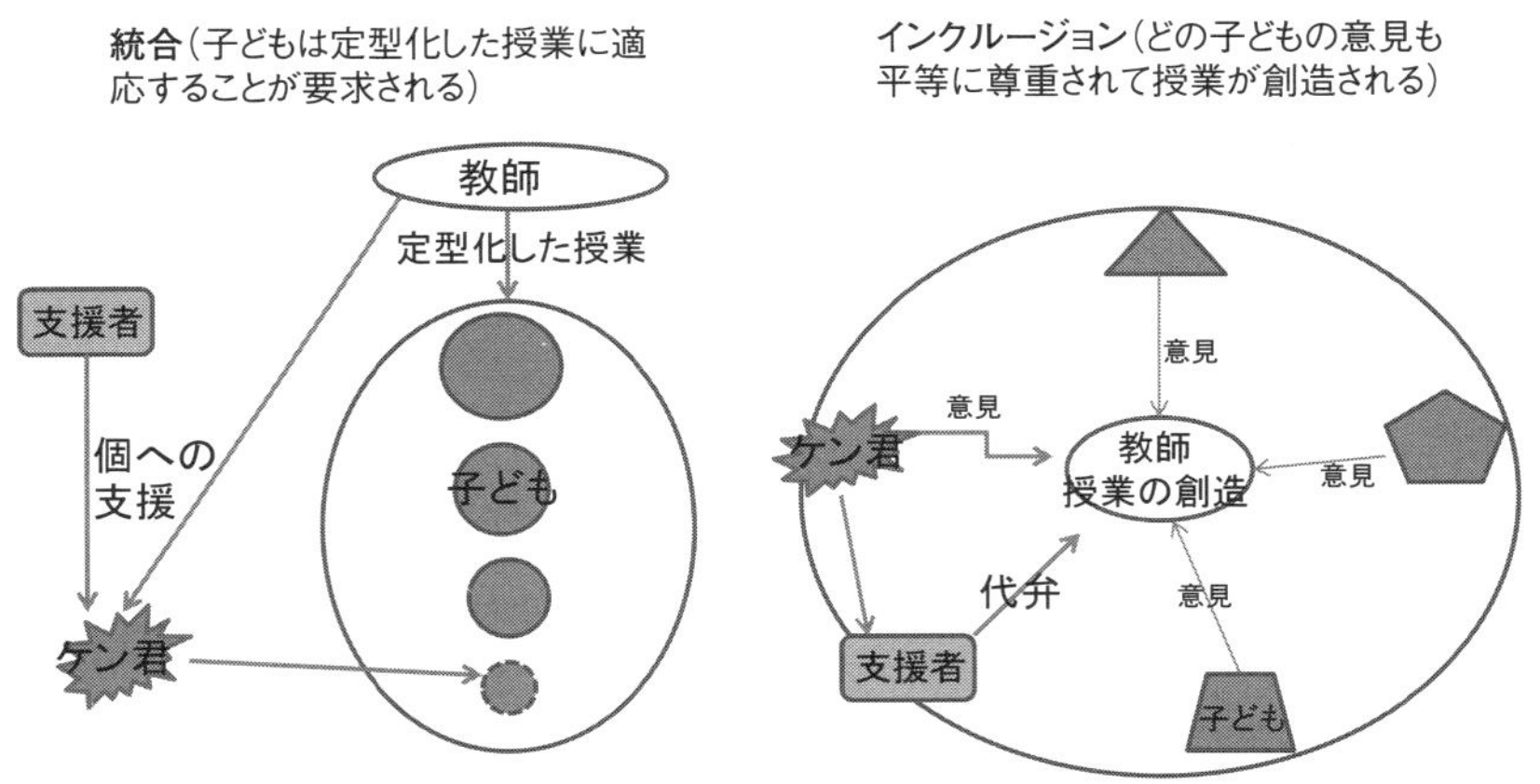

図2　インクルージョンと統合の特徴

7 「明日また元気に学校に来てね、待ってるよ」

ケン君の先生が職員集団で孤立していれば、子どもの見方は一つに固定されやすいのです。授業研究が十分でなければ、子どもへの関わりは単調になり、ケン君のような特定の子どもへの個別的対応に偏重し、定型的な授業に依存します。つまり創造的にはなれないのです。それでもケン君をクラスに適応させようと指導しても、うまくいかないから、「ケン君が休むとほっとする」ことになります。

そのような状況が改善されるときには、先生が会議だけでなく、インフォーマルな雑談などでも、クラスの子どもたちや授業について、同僚と状況や見方について意見を交換し、固定的な見方が多元的に広がっています。同僚などの支援を受けながら、じっくりと教材研究や授業計画に取り組み、一人でも多くの子どもが関心をもって取り組める活動を創ることができます。ケン君などは、いつもと一味違う授業では、先生が予想もしないところで、持ち味を発揮して、他の子どもから評価されたり見直されたりします。ケン君やマサ君がいたからこそ、多くの子どもが楽しく充実していた、そういう活動を経験すれば、行儀よくしていても透明人間になる恐怖を感じることはありません。いつの間にか、ケン君たち4人だけで一緒にいるのではなく、活動に応じて、他の友だちとも一緒にいるようになります。

単純化しましたが、そういう経過をたどって状況は改善されます。ケン君は、スラスラとは読み書きできないが、安心して自分なりのペースで学習することができます。先生も、子どもたちも、お互いに「明日、また、待ってるよ」、自然にそう言う関係になります。インクルーシブ教育とは、そういう状態ではないでしょうか。

8　インクルージョンと平等

筆者は巡回相談員として、多くの学級を訪れました。先生と子どもたちの関わりを見ていると、そのクラスがインクルーシブであるか否か、なんとなく感じることができます。一例（幼稚園の年長）をあげてみます。

プールの日、熱のために入れない子どもがいました。プールが終わり、子どもたちはクラスにもどり席に着きました。そのとき、先生は子どもたちに「今日のプール……」と言い始めて、その先の言葉を押しとどめ、次のように言い換えました。「アイちゃんとユウ君は、（プールに）入れなかったけど、一緒に聞いててね」（二人、うなずく）それから皆に向けて「今日のプール、あつこ先生といっしょに入れて嬉しかった人（手を挙げて返事をして）」と呼びかけました。子どもたちは大きな声でこたえます。その後、二人がプールの間、夏祭り用に作った物をみんなに見せて説明しました。二人の寂しかった気持ちを自然に配慮する姿があり、先生の立ち居振る舞いから、どの子どもも大切にしていることが伝わってきました。

インクルージョンとは、このエピソードのように、どの一人の子どもも排除しないことです。それは、「平等に尊重する」と、言い換えることができます。しかし、平等という言葉は誤解されやすいのです。どの子どもにも同じ見方をすることは平等ではありません。単一の見方（ものさし）は必ず硬直した序列化を生みだします。一人ひとりの特徴や持ち味に即して、その魅力を評価する多元的なものさしをもつことでしか、平等な教育に近づくことはできないのです。

いつもどの子も同じように扱うことは悪平等です。一日のうちでも、一時間の授業でも、ある場面ではA君が活躍し、別の場面ではB君が活躍します。活躍できる場面を多様に創造しなければ平等には近づきません。新学期、活躍する場面がほとんどない子どもがいます。C君には運動会で自信をつけさせ、D君は製作発表会で活躍させる、と、長期的に取り組みます。D君の活躍で発表会が楽しくなったと、クラスの子どもがD君に感謝しD君を評価します。子どもの数だけそういう関係を創るのです。時間的・空間的な広がりで、評価のものさしが変化し、交代して主人公になる場面があり、お互いが一緒にいてほしい、そういう関係をつくりたいと思います。

9 パーソナルでローカルなデザインこそが豊かなインクルーシブ教育を実現する

特別支援教育において個のニーズに応えるということが強調されます。たしかに、丁寧に個へ支援することは必要です。しかし、実情は、個のニーズに応えると言いながら、しばしば、定型的な授業と、教師や学校が要求する集団的な規範に、子どもを適応させることを目的として、子ども個人にSST（ソーシャル・スキル・トレーニング）が行われたり、個別に視覚的な支援が行われている姿を見ます。少し考えてみればわかりますが、そのような「個のニーズに応えた個別支援」は、子どものニーズではなく、教師や親のニーズに応えているのです。子どもはそんなことを望んではいません。

子どもの個のニーズに応えようとするなら、一人ひとりの興味をもとに学習環境や題材を準備して、その子どもなりの学習の歴史を尊重し、次の学習内容を丁寧に提供し、その学習の蓄積の先には、その子どもなりの発達の姿がある、そういう授業になるはずです。そうすれば、当然ですが、たまたま、何人かの子どもが似たような教材をもとに学習する時間があるとしても、基本的には、一人ひとりがもっとも活き活きと学習し活躍できる、そういう授業になるはずです。

インクルーシブな教育実践とは、その子どもや、そのクラスの実態に合わせて、教師と子どもたちで創り上げるものです。当然ですが、それは、子どもに合わせたパーソナルなデザインであり、クラスに根付いた、ローカルデザインであるべきです。パーソナルでローカルだから、どの子どももインクルーシブになるのです。仮に、クラスの環境や授業方法を、ユニバーサルデザインにすることにこだわれば、その教室では、底の浅い、平板な授業が展開するだけになりかねません。なにより、教師が、子ども一人ひとりの持ち味を大切に伸ばしながら、クラスの子どもたちとの関係をつくり、豊かな実践をつくる、そういう創意工夫の試みを奪いかねません。教師が授業実践を楽しむことができなくなる恐れがあるのです。

教師一人ひとりが、同僚とともに、子どもの姿や授業の工夫をにぎやかに語り合う。そういう学校現場で、インクルーシブな教育が生まれるのではないでしょうか。

［付記］本稿は、浜谷直人　2011「個への支援からインクルージョンへ：巡回相談の現場から」教育　790(11)　18-25をもとに若干、加筆したうえで転載したものです。

（浜谷　直人）

引用・参考文献

浜谷直人（編著）2009『発達障害児・気になる子の巡回相談：すべての子どもが「参加」する保育へ』ミネルヴァ書房

3　学童保育における支援

学童保育所（放課後児童クラブ）の特徴を一言で表せば、文字通り、就学している児童を対象に放課後に保育を行う場、つまり、子どもにとっては生活の場だということです。しかし、学童保育は保育園や幼稚園での保育とも、小学校での教育とも異なる独自の特徴をもっており、学校とは異なる集団の形成が求められます。

学童保育の対象となる子どもは学齢期に位置づけられ、乳幼児期の子どもとは社会的に異なる枠組みのなかで捉えられる子どもです。また、発達的には完成した子どもと言われる10歳の時期を過ぎると、次第に思春期の特徴をもちはじめ、行動や気持ちの揺れ幅が次第に大きくなる時期の子どもです。このように学童保育では、大人に保護され依存する割合の高い低学年から、大人から自立して自分で考えて行動することが期待される高学年まで、学年を超えて指導員という大人がまとめる集団のなかで一緒に生活を営んでいます。学年が上がるごとに在籍する子どもの人数が減り、卒園・卒業といった明確な終了時期がないというのも大きな特徴だと言えます。

この章では、こうした特徴をもつ学童保育所の保育事例を通して、学齢期にある発達障害児への支援と、子どもが育ちあう集団づくりについて考えてみたいと思います。

1　障害児の受け入れに必要な専門的力量とは

発達障害や知的な遅れが大きくない子どもの場合、統合保育の形で通常の学童保育所に通うのが一般的です。厚生労働省雇用均等・児童家庭局の発表によれば、２０１５年には全国で１２、１６６か所の学童保育に３０、３５２人の障害児が在籍しています（厚生労働省、2015）。厚生労働省の調査が始められた２００４年当時と比べると、このほぼ10年で受け入れ所数が約２・７倍、人数では約３・３倍に増えています（図１）。

さらに古い調査では１９９３年時点で約１、０７４か所の学童保育に約１、７１０人、２００３年時点で約４、０６０か所の学童保育に約７、２００人という推定でした（全国学童保育連絡協議会、2003）。二つの調査を合わせて１９９３年と２０１５年の統計とを比較すると、受け入れ所数で約11・３倍、人数は約17・７倍になったことがわかります。また、障害児を受け入れている学童保育施設数の割合は、１９９３年の14・３％から、２０１４年には53・８％と過半数を超えるようになりました。また自治体ベースでは、学童保育のある市町村の73・１％、つまり約４分の３の自治体で障害児の受け入れを行っています（全国学童保育連絡協議会、2013）。学

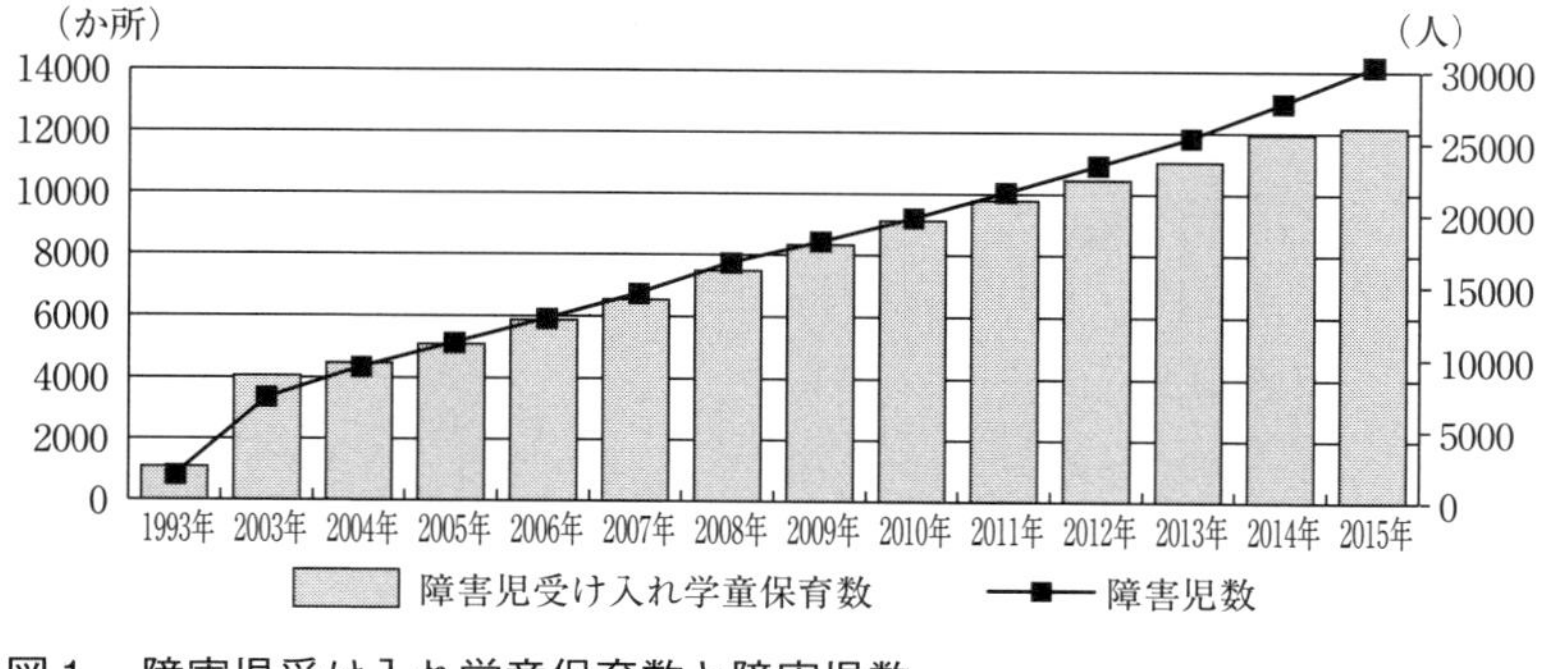

図１　障害児受け入れ学童保育数と障害児数

注）全国学童保育連絡協議会（2013）、厚生労働省（2015）をもとに作成

童保育の障害児保育は一般化していると言えるでしょう。

ただ、学童保育所で働く指導員にとって、単に障害児を受け入れることと、それを肯定的に捉えることは同じではありません。西木（2010）の調査によれば、指導員が保育士等の資格を有している、あるいは、過去に障害児との関わり経験をもっている場合でも、そうでない指導員に比べ、障害児受け入れを肯定的に捉えるとは限らないという結果が示されています。したがって、指導員が経験等に頼って保育を進めるだけでは、子どもにとっては一緒の場にいるだけで、共に生活するという意味で居場所がない、つまり集団から実質的に排除された状態で過ごしている、ということにもなりかねません。障害児保育では、どの子も保育に「参加」している状態、つまり、どの子どもも意見が平等に尊重され、子どもの意見が実現される保育が必要であると指摘されています（浜谷，2009）。そのためには、障害の特性やその子自身の発達特徴、学童保育所の環境やその集団の性格などをふまえながら、個別の配慮と全員が参加できる保育を考える専門的力量を、指導員が高める必要があるのです。

しかし、指導員が障害児保育の専門的力量を高めるために必要な研修等の支援は、まだ十分といえる環境にありません。また発達と障害の知識をもつ専門家が保育の現場に赴き、相談や指導の活動を行う巡回相談（巡回指導）や、療育施設の場で相談活動が行われる療育相談といった、幼児期には一般的に実施されている自治体の支援制度も、児童期になると多くの場合対象外となるのが現状です。全国学童保育連絡協議会（2013）が調べた調査では、指導員向けの研修が38・6％、巡回指導が20・5％、療育相談活動が15・4％といった実施率でした。２０１５年からは厚生労働省令第63号に定める放課後児童支援員の資格認定研修が始まりましたが、その効果はこれからの検証が待たれます。こうした状況から学童保育における障害児保育の発展には、学童保育と特別支援教育との連携や、施設内だけでない、地域および個別のカンファレンス機能の充実が必要であると指摘されています（恒次、2014）。その意味で、障害児の巡回相談はこれまで学童保育でのカンファレンス機能を充実させる役割を担ってきました。ここでは、筆者が巡回相談でかかわった低学年・中学年・高学年での相談事例を通して、児童期の学童保育について考えてみたいと思います。

2 低学年の事例

悠太（仮名）は保育園の年長の時に自閉症スペクトラム障害の診断を受け、通常学級に通う1年生です。

悠太は、発達検査では発達のばらつきはあるものの、知的には全体的に境界線級以上で、集団への言葉かけも理解できました。保育園の頃は落ち着きがなく、カッとなると、友だちを叩いてしまうことが課題でした。学童保育には同じ出身園の子がほとんどおらず、新しい環境でのスタートでした。指導員たちは学校から帰ってきてからすることをカードにまとめて壁に貼っておくなどの工夫をし、あまり大きな混乱もパニックもなかったので、学童保育所に慣れることができたと安心していました。

悠太は比較的活発な性格だったので、ドッジボールも嫌いではないのですが、いざ始まると、当たった・当たらないで揉めたり、他の子が持つボールを奪ってしまったりと、何かとトラブルが起こって、怒りながら途中で抜けてしまうことが多く見られました。レゴで遊んだり、ボードゲームをする際も、取りあいになったり、ルールを勝手に変えたりして、周囲から嫌がられ、最後までやりきる前に遊びをやめてしまうことがあるとのことでした。そうした場合、ひとりでできる遊びを探して遊んでいたので、それほど寂しいと感じているようでもなく、ならいいか、と指導員も見守っていました。

巡回相談のある日の保育観察では、遊びが終わらずにおやつの時間に遅れて入ってきたのですが、誰も気にすることなく、ここにおいでよという友だちからの誘いもありませんでした。指導員が空いている所を示しても、座りたいテーブルの横でハンカチをくわえたまま動きません。テーブルに一人ぐらいは座る余裕があったので、結局、そこでいいよと言われると嬉しそうな顔をして着席しました。おやつを選ぶ、運ぶなどはスムーズにできました。ただ、おやつのラムネをフォークで砕くので周囲に飛び散ります。指導員が砕かないようにと言ってもやめません。手で食べなさいと注意されて、ようやく事態が収まりました。

おやつの片づけはテーブル毎に役割を決めることになっていました。悠太はゆっくり食べて、一番最後に食べ終わるペースだったので、最後のテーブルを拭くという役を他の子が悠太に決めてしまいました。ところが途中で「僕、お茶片づける」と言い出し、勝手に片付けてしまったので、だれがテーブル拭きなのか分からなくなって、大騒ぎになりました。しかし、当の悠太はその騒ぎには知らんぷりで、残りのおやつを悠然と食べていました。

遊びを拡げて、集団に居場所をつくる

発達障害のある低学年の子どもはまだ、遊んでいる相手の気持ちを想像したり、推測したりすることが難しい年頃です。一方で周りの子どものほうが、障害のある子どもと自分とではやりとりの感覚が違うことに気づいていて、何気なく距離を置いていたりします。このため、知的に高い子どもの場合、一見すると学童で楽しそうに遊んではいても、友だち同士で仲良く遊んでいる割に違和感があると指導員が感じることがあります。悠太のように、自分がしたいやり方と、遊びのルールが対立して、周囲とトラブルになることが続くと、周りがあの子は

そういう子なのだと真剣にかかわることがなくなり、ひとりルールを破っても誰も指摘しなかったり、トラブルになるとさっと周りが引いてしまったりして、場面が収まってしまうことも少なくありません。本人も怒って出ていっても遊びを転々としてそれなりに遊ぶので、指導者もまあいいかとなってしまいます。

けれどもそうした状況は、集団に居場所のある遊びが豊かにある状況とは言えません。周囲のなかで浮いている自分に気づかないので、それほど寂しいという感覚もなく、友だちと遊んで楽しいと本人が感じていても、集団で過ごす生活の場としての価値は薄れています。遊びの数や時間の長さから遊びが拡がったと考えるのではなく、友だちと遊びながら交渉したり、一緒に考えたりしながら、全体で遊びを作り上げていく過程が見られるかなど、遊びの内容や質に目を向けて遊びを拡げる必要があります。そのことが周囲の子どもの間にも、遊びで「何か勝手にやっている子」や「関わらないほうがいい子」ではなく、遊びで無視して考えることのできない「悠太」という固有の名前をもつ友だちとして捉えるきっかけとなり、そこに障害のある子どもの居場所ができることになります。指導員としては自分で遊べているからと見守るだけでなく、遊びに加わっている子どもが互いに結びつき、みんなで遊べて楽しかったと最後に表現できる機会を積極的に作り出し、仲立ちする働きかけが求められます。

誰もが対等に参加でき、排除されない集団づくり

学童保育の活動は遊びだけではありません。おやつの時間、片付けの時間、帰りの会の時間を含めて集団に居場所があるか、そういう集団が形成されているかが問われます。この事例ではおやつ場面で悠太が加わるのを誰も気に留めませんでした。積極的に仲間外れにされていないものの、そもそも集団に悠太が含まれていなかったからかもしれません。言語での理解力があり、知的にも遅れがない発達障害の子どもは、気持ちを表現するというコミュニケーションや意思伝達の領域での困難があることが見過ごされがちで、うまく伝えられないのに、特に意見はないと誤解され、結果的にしたいことが無視されてことが進んでしまうことがあります。そのことに本人も気づいていないため、事例では最後にグループが大混乱になりました。

つまり、集団と悠太が一緒に生活しているように見えて、別々に動いていてそれがあたりまえになっている状態だったのです。悠太が勝手にお茶を片づけてしまった事態にも批判する子がなく、悠太の存在がスルーされています。トラブルが起きなければよい、というのではなく、一人ひとりが学童保育の一員として対等に向きあえる集団になるためには、悠太が何をしたいのか、言葉で表現し、相手に伝える機会をしっかりつくること、また、言わせるだけではなく、時には指導員が気持ちを代弁しながら、話し合う機会が失われないように配慮する必要があります。世界保健機関（2002）では障害がある状態を、心身の機能障害だけを指すのではなく、遊びなどの活動が制限されたり、社会的な活動への参加が制約されたりしている状態を含めて捉えています。事例では、自分の選んだ席でおやつを食べる、当番活動ができるといった社会的活動の制約や、友だちに誘われる、無視をされない、といった参加の制限がされている状態だったといえます。子どもそれぞれが自分の意見をしっかり表明でき、それが尊重されるように配慮された集団づくりが学童保育に求められます。

3　中学年の事例

以下は、悠太が中学年になったときの事例です。

3年生になった悠太は、カッとなってうまく言葉にできないと思わず手が出てしまうということが時折あるものの、指導員がその気持ちを汲みとって言葉にし、相手への適切な伝え方を丁寧に教えることで、取っ組み合いのケンカという意味でのトラブルは減りました。ドッジボールやサッカーなどの集団遊びでも、自分勝手に動いたらトラブルになりやすい場面を事前に伝え、解決する方法を皆で決めておくといったことを定着させることでスタンドプレーが減りました。また班活動で言い合いになると怒りをこらえ、外に飛び出して自分で落ち着かせることが増えました。指導員は本人の辛い気持ちを察しながらも我慢する力がついた、成長したとして、その状況を好ましく捉えていました。このように2学年を経過して、彼の性格やかかわり方が理解できるようになると、指導員も彼に落ち着いて対応できる自信がついていました。

4年生の2学期、学童まつりの内容を決める会議がありました。悠太はゲーム屋をしたいと提案し、彼が好きなゲームの内容をまねたアクションをつくるという企画に、最初は皆も「それはいい！」と乗り気でした。ところが、詳しく内容を詰めるうち、悠太が自分の好きなやり方を押し通し、他の提案をことごとく批判するので、そのうち数人が悠太を自分勝手だと非難し始めました。すると突然、悠太はカッとなってハサミを取り出すと、「ぶっ殺してやる！」と叫びながらハサミを振りかざし始めました。とはいえ、人とは距離はおいて振りかざしていたので、怪我をした子はいませんでした。指導員は驚いてハサミを取り上げて注意したところ、「ごめんなさい」とすぐに謝ったので大事にはなりませんでした。

ただ、それ以後、悠太を避ける子が増えました。悠太は理由が分からず、じゃあいいよ、といって読書をしたり、好きなゲームの絵を描いたりして時間を過ごすようになりましたが、「みんなが一緒に遊んでくれない」と塞いだ表情で指導員に訴えることも増えました。指導員はその状況を職員会議で話し合い、帰りの会や誕生日会の時間を長くとり、新間での文字探しや、人間知恵の輪、手作り3分紙芝居など班単位でのミニゲームや活動を積極的に取り入れるようにしました。これだと一対一ではないけれども、指導員が張り付いても不思議ではなく、ケンカになっても意見を丁寧に聞きとれる環境が期待できました。案の定、意見の対立でケンカになることもありましたが、指導員が間に入って相手の意見を最初から否定しない、きちんと話し合うことを原則に取り組みを続けていきました。すると子どもたちもケンカが生じると、誰かが仲裁に入ったり、他の代案を出したりとグループでいろんな役割を取るようになりました。悠太にもそれはよいモデルとなったようでした。話し合いで代案が出ても自分への否定とは捉えなくなり、ミニゲームの時間は彼にとって学童のなかで一番楽しみな時間になりました。

客観的自己への気づきと自己肯定感の低下

中学年になると、学童保育でも上級生としての役割と期待されることが増えてきます。学童保育は学年混交の集団なので、子ども自身ももう低学年ではないということを自覚し、学童での生活を遊んで過ごすだけでなく、行事では自分たちで内容を考えていく役割が期待されます。悠太の場合、低学年の頃に見られた集団になじめないという様子から、指導員の配慮によってルールを覚え、自分で気持ちを落ち着かせることができるようになりました。

一方で発達障害のある子どもは、中学年になると「自分は他の人と何かが違う」といったことを自覚することも多いようです。自閉症スペクトラム障害の子どもは、通常4歳から5歳で習得する「心の理論」注1の獲得が遅くなると言われていますが、これまでの研究から、知的な遅れがない場合は9歳を超えてくると、他者の気持ちを論理的に推測することができるようになることがわかってきました（神井・藤野・小池、2015）。推測する力が育つと、経験と思考の結果から、自分の感じていることや考えていることが、周囲と違うことが多いという現実に気づくようになります。すると悠太のように、怒りを自分で収める術を学んで、とりあえず我慢して抑えることが増えてきます。自分がしかし、他の子と違うことは分かっても、なぜ違うのかが分からず、その理由を自分で見つける、表現するといったことはまだ難しいため、怒りを溜めこんで爆発することが時に出てきます。

発達障害のある子どもは「自分が自分であって大丈夫」という自己肯定感が低くなりやすいと言われています（田中・都筑・別府・小島、2010）。中学年の学童保育で見られやすい問題は、こうした他者と自分の違いに気づくことで、自己肯定感が低下しがちになるということです。たとえ、他者の気持ちを論理的に推測できるようになっても、間違った推測や、自分の解釈に偏った推測になることも多く、複雑な話し合いになると意見の交流が難しくなる場合も少なくありません。その結果、怒ったり、我慢したりするのは自分ばかりという感覚が増え、「自分が自分であって大丈夫」という感覚をもちにくくなるのも当然です。

怒りが爆発した悠太が鋭いハサミを持ち出したのは、彼がそれだけ大きな怒りを伝えたかったということなのですが、その行為が周囲にどういう印象を与えるのかということにまでは想像が及びませんでした。気持ちが落ち着ける場所が見つかった、我慢することができるようになった、ということ自体は確かに悠太にとって成長だったのですが、周囲との違いが見えることで自己肯定感が低くなっていることに指導員は気づきませんでした。何に怒ったのか、どうすればうまく話し合えるか、彼なりの考えに理解を示しながら、適切な解決法を一緒に考え、その考えるプロセスを積極的に認めて褒めるといった配慮が必要になります。また、行事などの場合、仲間と一緒に作り上げたという達成感を持つことが、トラブルはあっても自分で乗り越えた、という自信をもつことにつながります。自分を肯定的に捉えてくれる周囲の態度によって自己肯定感の低下は防がれ、成功した経験の積み重ねによって逆に高められていきます。

4　高学年の事例

翔（仮名）は知的障害があって特別支援学校に通う6年生で、保育園の時に広汎性発達障害という診断を受けています。また遥（仮名）も知的障害があるものの、翔よりその程度は軽く特別支援学級に通っています。

翔が5年生の時の知能検査ではＩＱが60程度で、領域ごとにばらつきが見られました。学童は60名程度の規模で、1年生から在籍していました。当時6年生では翔と遥の2人だけが在籍していて、5年生はいないという状況でした。翔の体格は小柄で、声変わりもなく、童顔なので、体格的に集団で特に目立つことはありません。性格も穏やかで、ケンカなどのトラブルは指導員にも記憶がないほどでした。ただ、指導員は最近、翔が人の服をめくって中をのぞく、相手の股間を触るといったことが増え、どう対応すればよいのかわからないことに悩んでいました。同時に、もう1人の6年生である遥も、学童の若い男性指導員を「イケメン」と呼び、べったりであるのも気掛かりとのことでした。

ある日の巡回相談での保育観察では、翔は学童に帰ってきてからの荷物の片づけ、おやつの準備と待機、帰りの会の集まりなどはもう慣れた様子でできていました。自由遊びの場面では、その頃学童で流行っていたケン玉には関心がない様子で、紙芝居や絵本などを手に取り、その中のセリフをひとり大きな声で呟きながら読んだり、パズルをしたり、絵を描いたりしていました。しかし、ひとりでできる遊びをひと通りしてしまうと、あとはふらふらと学童の中を歩きまわるのでした。学童ではドッジボールやプラレールなど、指導員を交えたいろんな遊びが展開されていたのですが、翔が自分で遊びに入る場面はなく、帰りの会まで何となく時間をつぶしているという表現がぴったりの状況でした。同じ6年生の遥が活発で、縄跳びなどで積極的に他の学年の女の子と遊んでいたのとは対照的でした。ただ、遥は男性指導員のそばから離れず、縄跳びした後、指導員の手をぱっと取るとすぐに胸に引き寄せて、「ねっ、どきどきしているでしょ?」と無邪気な表情で尋ねるので、思わず指導員が固まってしまうという場面も見られました。

相談員がこうした場面があったことを報告したのをきっかけに、翔と遥に何ができるのか、改めて見直すことになりました。学校の先生から、翔はパソコンを打つとなるとすごい勢いでキーボード入力して、ネットから好きなゲームやアニメの情報を探し出しているという話を聞いていたので、それならとパソコンを使った壁新聞をつくることにしました。低学年にも読めるようにひらがな主体の入力作業となり、画像をネットから探し出して貼り付ける活動に翔は集中して取り組むようになり、不定期ながらも卒業するまで発行することができました。遥には女子職員が女の子だけの話という「ガールズトーク」を意識的に仕掛け、小学生向けの女子雑誌の話をしたり、ファッションの話をしたりするなかで、自然と性の話を盛り込んでいきました。遥は何よりも「ガールズトーク」という響きが高学年っぽいと気に入り、指導員が「ガールズトークで話したでしょ」と小声でいうと、「そっか、そうだった」とにやっと笑って、自分の行動への内省も深まりました。

孤立しがちな高学年への配慮

学童保育が保育園や幼稚園といった幼児の保育と異なる点は、子どもの学年が上がるにつれ、在籍する人数が減ることです。一般的に、学童保育所の子どもは中学年から高学年になると、習い事を始める、一人で留守番ができるなどのことがきっかけで、学童をやめることが増えていきます。しかし、障害がある場合、特に知的障害がある場合、家で過ごすことが難しいという理由から、卒業まで学童に在籍する子どもも少なくありません。このため、在籍する高学年は障害児だけで、人数も多くて数人という状況が生まれてきます。

このような場合、低学年の時とは異なる理由で、集団のなかで遊びが再び孤立することがあります。例えば、仲の良かった友だちが学童をやめたり、同学年が誰もいなくなったりすると、自分から集団と距離を置くことがあります。遊び相手が単にいないというだけでなく、高学年でも学童保育にいる自分が妙だと感じる、高学年としての立場がわからない、と感じているからかもしれません。本人が周囲との違和感を強く感じているようなら、家庭や医療機関、学校などが相談して、本人に発達障害の告知をし、自己理解を深め、自分は他の誰でもない自分であるという自己同一性の形成を促す取り組みを始めることもあります。このため、子どもの生活の一部である学童保育でも、指導員が子どもの理解者となり、本人のこうした違和感や困り感を受け止める必要があります。高学年としての自尊心が低くならないように、本人への言葉かけや学童保育での役割を考えなくてはなりません。

翔の事例の場合、知的障害があったため、告知はされない状況でしたが、集団での孤立を案じた指導員が小人数ならと低学年と一緒のカルタに誘ったりしていました。しかし、低学年と一緒だと、途中でルールが勝手によく変わることに翔がイライラし、けれども小さい子に怒るわけにもいかずという状況から、途中で抜けてしまうことが続きました。その結果、自分ひとりで遊んでいたほうが楽だと感じたのか、積極的に遊びには加わらず、ぶらぶらと時間を過ごすだけになることが増えました。

高学年の発達障害のある子どもには、中学校以降の余暇の過ごし方を覚えることも含めて、例えば楽器やこの事例のようにパソコンなど、自分で楽しめる趣味につながる活動を積極的に作り出す必要性が出てきます。高学年になると本人のしたい遊びに任せがちになりますが、翔の事例のように、実は中学年までに覚えた遊びで固定化していることもあります。施設の遊び道具も低学年から中学年を対象とするものが多いので、本人の興味にあった遊具を揃えることも配慮となるでしょう。また、低学年との遊びで本人が混乱を生じる場合、低学年と同じルールや役割で遊ぶのではなく、例えば上述のカルタだと、カルタを取るという通常の役割ではなく、その子のできる範囲で、最初にカルタを自由に配置させたり、読み札を切ったり、あるいは読み札の順番を決めるなど、高学年だからゲームメイキングができる権利があるなど、その役割が一貫していて、ルールが乱されないといった、発達障害の特徴にも応じた無理のない遊び方を考え、指導員が時折サポートするのもよいでしょう。

思春期・性の問題とどのように向き合っていくのか

人によって個人差はあるものの、一般的に生物としての人間の第二次性徴の時期は、障害のある子もない子も同じ時期に始まります。思春期は早い子であれば4年生ぐらいから始まります。知的障害のある子どもの場合、性情報の習得は遅れるという報告もありますが、軽度の知的障害や知的な遅れがない発達障害の場合、障害のない子どもと時期的にほとんど大差がありません。発達のばらつきがあって幼く見える子どもも、高学年の場合、性的な行動は年齢なりの思春期に由来する行動として捉える必要があります。

したがって、学童保育の巡回相談で話題になる性的な行動は、低学年と高学年では性質が異なります。低学年に多い性器いじりは一見すると自慰的な行動に見えますが、保育観察をしてみると、やることが見つからない、不安や緊張を抱えている、幼児期にもみられる自己刺激のクセといった理由から、何か手でいじっていないと落ち着かない場合が多いようです。虐待の疑いがある場合を除けば性的な意味合いは強くないので、安心して遊べる環境のなかで身体的な遊びや、手を使って遊ぶ活動に誘えばよいでしょう。

一方、高学年の場合は知的障害の有無に関わらず、性行動と捉えての対応が必要です。事例の翔の行動は、性的な関心から服をめくる、性的快感を求めての性器いじりと捉えてもよいでしょう。発達障害の場合、自分の行動が相手にどう思われるかという視点から自身の行動を制御することに困難があるので、こうした行動を不適切な行動と理解していないことがあります。性的関心の高まりは当然だと受け止めつつ、性行動は人前ではしないなどの社会的ルールの習得を、学校や家庭と連絡をとりながら、個別に教える必要があります。また自分の胸に相手の手を引き寄せる遥の行動には、性的な意図は本人にはなく、無邪気な行動のようにも見えます。しかし遥の年齢を考えると、胸はプライベート・ゾーンだということ、ドキドキするのは言葉でも十分相手に伝わることを改めて教える必要があります。

性的な行動には指導員も戸惑うことが多いのですが、特別な配慮が必要な子どもだからこそ、適切な行動の仕方や知識を教える必要があります。とはいえ、思春期に異性を気にして、恋愛感情をもつことは人間として自然な発達ですし、互いの違いを捉えて、精神面で成長するよい機会です。身体の成熟と性的関心の高まりは自然なことだと捉え、その不安定さを受け止めつつ、適切な行動がとれるように働きかけることが高学年の保育では重要です。

筆者が学生の頃、ある保護者から「障害のある子にとって小学校の時期はブラックボックスなんだ」と聞かされたことがあります。自治体の子育て担当課や療育施設、保健所、保育所・幼稚園など、育ちの支援を行う資源が多い幼児期、将来の職業を見据えた指導が始まる中学校の時期に比べて、小学校の時期はクラス担任に頼る割合が大きく、学童保育に対する公的支援も乏しいため、保護者にとって最も不安な時期であるという話でした。その当時に比べると、学童保育における障害児の受け入れは一般化し、学童保育自体も2015年に始められた子ども・子育て支援新制度のなかでは重要な位置を占めるようになりました。しかし、障害児保育に関連する研修の機会は、指導員のための資格研修においてさえ、十分な時間がとれているとは決して言えません。障害児と集団の育ちをどのように捉えればよいのか、学校や家庭とどのように連携をとればいいのか、指導員のそうした悩みや不安の声は今でもよく聞かれるのが現状です。

しかし忘れてはならないのは、児童期に小学校や学童保育で不安を感じたり、自信を無くしたりすることを最も感じているのは、発達障害のある子ども本人ではないでしょうか。今、書店にいけば特別支援教育の書籍が棚いっぱいに並べられています。けれども、児童期は学習ということが念頭に置かれるので、指導法や行動改善に焦点を置いたものが多く、子どもが遊びながら育つ存在、人と人との関係のなかで対人関係を始めとする能力を高めていき、自立の力をつけていくということが指導法や対処法に埋もれがちなのではないでしょうか。

しかし、事例で見てきたように、障害のある子に対する学童保育での支援では、最初から保育の方法を限定することが重要なのではなく、その時の状況を踏まえながら、何が子どもにとって障害や制限、制約となっているのかを考え、それに対する配慮を一つひとつ考えるという活動そのものが、子どもの発達を保障するために最も重要な視点であると言えます。

注1　「心の理論」については98〜99ページの注1をご参照ください。

引用・参考文献

浜谷直人（編） 2009 『発達障害児・気になる子の巡回相談：すべての子どもが「参加」する保育へ』 ミネルヴァ書房

厚生労働省 2015 「厚生労働省報道発表資料 ２０１５年12月18日」 (http://www.mhlw.go.jp/stf/houdou/0000107366.html ２０１６年５月１日確認)

西木貴美子 2010 「学童保育における指導員の資格や体験の有無が障害児受け入れに対する意識に及ぼす影響」 四天王寺大学紀要 49 213-223

世界保健機関（編） 障害者福祉研究会（訳） 2002 『ＩＣＦ国際生活機能分類：国際障害分類改訂版』 中央法規出版

田中道治・都筑学・別府哲・小島道生 2010 『発達障害のある子どもの自己を育てる：内面世界の成長を支える教育・支援』 ナカニシヤ出版

恒次欽也 2014 「障害のある子どもの学童保育（放課後児童クラブ）：今後の調査研究のための序」 障害者教育・福祉学研究 10 27-32

全国学童保育連絡協議会 2003 『学童保育の実態と課題：２００３年版実態調査のまとめ』 全国学童保育連絡協議会

全国学童保育連絡協議会 2013 『学童保育の実態と課題：２０１２年版実態調査のまとめ』 全国学童保育連絡協議会

（三山 岳）

4 言語通級指導教室（ことばの教室）における個別指導の支援

通級指導教室は、校内にある特別支援学級とは異なり、1993年に文部省（当時）によって学校教育法施行規則によって位置づけられた通級による指導（以下、通級指導）を行う教室です。学校教育法施行規則が特別支援教育へ移行する前年の2006年に改定されました。それに伴って通級指導も「小・中学校の通常の学級に在籍し、言語障害、自閉症、情緒障害、弱視、難聴、学習障害（LD）、注意欠陥多動性障害（ADHD）などのある児童生徒を対象として、主として各教科などの指導を通常の学級で行いながら、障害に基づく学習上又は生活上の困難の改善・克服に必要な特別の指導を特別の場で行う教育形態である」とされました（平成27年版　障害者白書）。対象児の拡大により、通級指導を受けている児童生徒数は、1993年度12、259名、2014年度83、750名と、約20年間で約6・8倍に増加しています（文部科学省、2015）。対象児の内訳を見ると自閉症、学習障害、注意欠如多動症がある児童が増えており、2006年の学校教育法施行規則の改正以降、通級指導教室が学校における特別支援教育の一環として、発達障害児の特別なニーズに応じた個別指導をする場としても機能していると言えます。また、通級指導教室は原則保護者同伴であるため、保護者への支援にも重要な役割を果たしています。

この章では、学童期の発達障害児への個別支援について、通級指導教室の実践を通じて言語・コミュニケーション指導という点から考えます。その際、通級指導教室の対象児として発達障害のなかで最も多い自閉スペクトラム症児の事例に基づいて検討していきます。

1　通級指導教室（ことばの教室）での支援の実際：コウタさんを通して

(1) 初回相談（4歳6か月）～小学3年：言語・コミュニケーション指導

コウタさん（仮名）は乳幼児健診を健康群で通過、幼稚園入園後、保護者が「ことばが遅い、発音が不明瞭」を気にして、幼稚園からの紹介で来られました。筆者はことばの教室[注1]で、コウタさんの幼稚園から小学校入学までと2年生以降に個別指導に関わりました。

通級指導教室（ことばの教室）の取り組み

初回面接の行動観察では、発音の誤り、知っていることばを思い出せないことがある、場に応じたことばの意味理解と使い方が難しい、一方的に話し相手の意図や気持ちへの気付きが弱い、読みや表記の習得に時間がかかる等、言語コミュニケーションに課題が見られました。新版K式発達検査（生活年齢：5歳5か月）では認知・適応面5歳7か月、言語・社会面5歳1か月、ＩＴＰＡ（言語学習能力）検査（生活年齢：5歳6か月）では言語発達水準4歳0か月と、認知発達に比べて言語発達に遅れが認められたため、通級による言語指導を開始しました。

言語指導では、①ことばを関係付けて考える力を高める、②音韻指導、③構文指導、④絵の状況読み取りと表現等をしました。指導形態は2年生まで個別指導のみ、3年生は個別指導と人との関係を広げていくために小グループ指導（コミュニケーションに課題をもつ男児3名）併用で行いました。3年生の個別指導でのコウタさんは、早く課題を終わらせて指導室にある遊具で自由に遊ぶのを好み、筆者とのやりとりを求めることはなく淡々と過ごしていました。小グループ指導では自分のペースに他児を誘って遊んでいましたが、上手く遊べないと感じたときは物を投げる等、遊びを壊す行動が見られました。

保護者への支援

2年生になり、コウタさんの姿を整理していく中で、コウタさんにあった対応が必要と判断し、保護者に医療受診を勧めました。保護者はA福祉センターを予約、約1年後の3年生2学期に高機能自閉症（当時）と診断されました。保護者はAセンターで受けた助言を言語指導の中で取り入れて欲しいと要望されました。保護者の不安感が非常に高かったため、保護者の思いに寄り添いながら信頼関係が築けるようにしました。

(2) 小学4年：コウタさんの主体的な遊びにつきあう

4年生になり、特定の友だちができはじめた一方で、些細なことで友だちを叩いたり蹴ったりすることが増えてきました。また、腹痛を訴えることが多くなり、授業中立ち歩いて教室を出ていくこともありました。

通級指導教室（ことばの教室）の取り組み

通級指導でも筆者からの関わりを受け止める状態ではなかったため、個別指導のみでコウタさんの自由遊びに寄り添うことにしました。コウタさんと関わる手がかりをつかみたいと始めた自由遊びでしたが、変化のきざしが見えず、本当にしたい遊びなのか、このまま自由遊びを続けていいのか、大いに悩みました。コウタさんとの関係に行き詰まりを感じながらも遊びを続けよく見ていると、フィギュアをボールで倒すことを懸命にしている姿がありました。

そこからコウタさんは自由遊びよりも一定のルールがある遊びに満足感をもつ、そこに指導の糸口があると感じ、2学期からピン倒しゲームに発展させました。コウタさんはそのゲームには非常に興味を示し、毎回ゲームルールを工夫しながら遊びを続けました。この遊びを満足するまで一緒に楽しんだことでコウタさんとの関係が深まりました。コウタさんの表情は柔らかくなり、気持ちや思いを尋ねると簡単な答えを返すやりとりが可能になりコミュニケーションもとりやすくなりました。

学校との連携

コウタさんの在籍校に通級指導教室（ことばの教室）が設置されており、たまたま筆者もそこの通級指導教室に異動となったため、4年生以降不適応行動が目立ちはじめてからは頻度高く連絡会をもちました。とくに教育相談担当者とはお互いの空き時間を使って頻繁に話しができ、連携を日常的にとることもできました。筆者が保護者との関わり方や子どもの行動特性を整理し配慮事項を伝え、その内容を教育相談担当者が学校で適用できるように整理し直し、担任やコウタさんに関わる先生方に伝えました。

(3) 小学5〜6年：コウタさんができること［お菓子作り］を一緒にする

学校の取り組み

5年生進級直後からクールダウンのために職員室で過ごすことが増えていきました。次第に気に入らないことがあるとたまたまその場に居合わせた子どもを叩く・蹴るが頻繁に起こりました。学校はすぐに緊急支援体制を組み、コウタさんの学校滞在時間を週4日午前中のみに短縮し、登校から下校まで切れ目なく、かつ、コウタさんを叱ることなく寄り添うように関わりました。さらに支援学級担任がコウタさんとの関わりをもち関係をつくってから、毎日決まった時間に支援学級で過ごすようにしました。徐々に支援学級での指導時間を増やしていき、2学期には全て支援学級で過ごすようになりました。自分の居場所ができたことでコウタさんの攻撃性は激減、6年生からは特別支援学級（自閉症・情緒障害）に正式に入級し、安定した学校生活を送りました。

通級指導教室（ことばの教室）の取り組み

学校での適応が困難な状態にあり、通級指導においても関わりが持ちにくい状況のコウタさんと、一緒に活動しながらやりとりができることを模索し、保護者に相談し、コウタさんが筆者と一緒にできることとして、「お菓子づくり」をすることにしました。5年生の1学期は落ち着かない様子で、指示された課題を受身的に黙々としているような姿でしたが、2学期以降、学校生活が安定してくると、レシピを確認しながら能動的に取り組み、作業しながら会話ができるようにもなりました。5年生当初は、できあがったお菓子は家族以外の人が食べることを拒否し全て持って帰っていましたが、しだいにできあがったその場で筆者と一緒に食べるようになったので、さらに学校の先生方にも味わっていただくために配るよう勧めました。

保護者への支援

休日の過ごし方を保護者と筆者で相談し、コウタさんは小学3年の時に担任から教わり得意と思っている将棋の教室に、5年から行き始めるよう勧めました。さらに保護者は、コウタさんが自分でしたいと希望する活動（虫取り、水泳等）ができるように週1日ヘルパー派遣支援を利用することにしました。

コウタさんが中学生になったとき、小学校5、6年時を振り返って書いていただいた保護者アンケートには「今後人間として生きていけるか?」「犯罪加害者にならないためには?」(と考えていた)とあります。将来の不安を抱えつつ懸命にコウタさんと向き合おうとする保護者に対し、筆者は一つひとつの課題を一緒に取り組み、保護者の不安に寄り添ってきました。

(4) 事例のまとめ

コウタさんへの支援をまとめると、

①「わかること」「できること」を増やす言語指導
②柔軟なコミュニケーション指導:コウタさんの願いに添い主体的な活動を保障
③保護者の学力重視の子育て方針に寄り添いながらも、自立をめざした子育てへの方向転換を支える
④学校との密な連携:教育相談担当者との小さい連絡を積み上げる

以上、4点を大切にして関わってきました。

3年生まではコウタさんが筆者と話すことを避けたため、指導の中心を「読み・書き」に関する作業課題においてきました。机上課題では場に応じたことばの使用、助詞の使い方などは正しく答えられるようになりましたが、会話においては順序立てた説明が難しいため伝えたいことが相手に伝わりにくい状態でした。

4年生以降は自由遊びを入り口に、コウタさんが主体となる活動を探り一緒に取り組んだことで、自分から話すことが増え、やりとりがしやすくなりました。5年生以降、学校の先生方、ヘルパーさん、将棋教室など、学校・地域の両方において安心できるおとなとの関係を基盤に、主体となる活動を積み上げたことによって、自分の居場所がつくられ、落ち着いた学校生活を送れるようになったと考えられます。

保護者は、学校やさまざまな支援者に支えられながらコウタさんと関わってきました。そのことで、わが子が変化し困難な状況を乗り越えられたという保護者の実感が、人を信頼し、学力重視の子育てから自立をめざした子育てに方向転換していく原動力となったと思われます。

2　通級指導教室（ことばの教室）の役割

⑴発達的観点にもとづいた支援：言語・コミュニケーション指導

小学校では学校生活でのルール説明を「聞いてわかる」、それに合わせて行動できる力が必要になり、「聞いてわかる」ことが苦手な子どもは「わからない」不安感を抱えて学校生活を始めます。さらに、意味がわからないのに「読む・書く」ことが求められ、子どもたちは学習への苦手さをもち、自己評価を下げてしまうことにつながります。通級指導教室（ことばの教室）での子どもがもつ言語的課題を支援し、困り事を解決する個別指導を通して「わかること」「できること」を増やすことは、子どもが安心感をもって学校生活を送ることにつながります。

一般的に言語発達は、聞いてわかる⇓話す⇓読む⇓書く、という順序性があるため、どの段階にあるのか見極めが大切となります。田中（2015）は「3～4歳までに習得されるのは、周囲の人とのコミュニケーションの道具としての言語ですが、4～5歳以降はそれを土台に思考や学習の道具としての言語、学習言語が発達します」と述べており、コミュニケーション言語の遅れは学習言語への移行につまずきをもたらすと指摘しています。

発達に課題を抱えた学齢期の子どもたちの多くは、学習言語だけでなくコミュニケーション言語に困難をもつ場合が多く、自分の経験を相手にわかるように伝える、相手の話を聞いて適切に答える、適切な質問をする等で困っています。相談主訴が「読み・書き」に限定されていても「読み・書き」の前提となる「聞く・話す」のコミュニケーション言語を評価し支援していくことが必要です。

特に、コミュニケーション言語から学習言語へ移行していく際に重要な働きをすると近年注目されている「ナラティブ」（物語る）を評価し支援することも重要です。「ナラティブ」（物語る）は「聞く・話す」「読む・書く」の過渡期に位置する言語能力の一側面で、荻野（2001）によると、「少なくともひとつの時間的結合を含む節、もしくは事実でも空想でも、時間的に連続した出来事を口頭で順序づけて言うもの」です。さらに「ナラティブ」（物語る）の産出には時間的関係について話せるようになることばかりでなく、子どもが出来事をどのように捉え、意味付け、どのように語るかが重要とされています。

自閉症スペクトラム児がもつ課題の根幹である相互的関係性の困難、それに関わる言語・コミュニケーション指導を「ナラティブ」（物語る）の視点から捉えた長崎（2001）は、物語る（narrative）においては、「他者の心的状態への言及」が重要な役割を果たし、また、逆に、「物語ること」が「他者の心的状態の理解」の重要な前提であるともいえよう」と述べています。子どもが物語る活動を支援することが、言語能力を高めるだけでなく、自分の心の理解・他者の心の理解と関連していると言えます。言語・コミュニケーション指導の中で「おはなしタイム」として子どもに自分の経験を話させることがよく行われていますが、こうした取り組みは言語指導場面だけでなく保育・教育場面でもなされており、大切にしたい活動です。

(2) 子どもの主体的活動に寄り添う支援ができる場

就学前の療育機関・幼稚園・保育園では子どもの主体的な活動に寄り添う支援を受けてきますが、就学すると子どもは学校生活ルールに沿って生活することが求められます。そのなかで子どもは学校生活ルールに合わせられないしんどさ、友だちとコミュニケーションがうまくいかないことなどによる不安感等を言語化して伝えられず、行き渋り、落ち着きのなさ、暴言などの行動で示すことがあります。コウタさんが4～6年生でしんどさや不安感を身体症状や行動で表したときに、筆者はコウタさんの主体的な活動に寄り添い、「できること」を共有するコミュニケーションを重視した療育的な関わりをしてきました。通級指導教室（ことばの教室）は、子どもがもつ言語的課題を支援し、困り事を解決することとされていますが、「友だちとうまくあそびたい」「話を聞いてほしい」「〇〇ができるようになりたい」など子どもの願いを感じ取り、子どもの主体的な活動を保障し共有するなかで、子どもの思いを引き出し言語化して整理する役割もあると思います。

山上（2014）が「自閉症児・者もまた社会的存在であり、人との関係を生きることを通じて自己形成の過程を歩んでいる最中です。そう考えると、症状の解消を目的とすることはできないにしろ、発達特性を尊重した配慮や今ここでの適応スキルの獲得にむけた支援と併せて、対人関係を深め、相互性を育て、他者と共にあることを楽しむことができる場の提供が必要です。それは単なる余暇活動なのではありません」という場のひとつに、通級指導教室（ことばの教室）があるのではないかと考えます。

(3) 学校との連携

通級指導教室（ことばの教室）は学校教育法施行規則に位置づけられており、同じ学校教育の枠組みの中で連携できるため、学校との連携は取りやすい条件にあります。支援の継続を図るためには、毎年替わる学級担任との個人レベルで行われるのではなく、学校全体での支援となるためには、特別支援教育コーディネーターを主軸に据えた連携が必須となります。また、通級指導教室（ことばの教室）という外部の専門機関での個別指導で得た知見が、そのまま集団で過ごす学校で活かせるわけではありません。そのことを踏まえ、学校が専門機関からの助言を正しく解釈し集団指導する場で応用できるように、専門機関はわかりやすく伝えることが必要です。

(4) 保護者の支援

通級指導教室は原則保護者同伴のため、指導時間内に子どもの指導と保護者相談の両方を行います。子どもは自分の問題を意識し解決したいために相談にやって来ることはほとんどなく、保護者の心配事に付き合って来ている場合がほとんどです。そのため、保護者が肯定的に子どもを理解して関われるよう支援することが重要であり、ときには子どもへの指導以上に保護者相談に時間を費やすことが必要な場合もあります。

学童期の保護者は幼児期より子どもに関してのはっきりした心配があり、日常的な困りごとをどのように考え、対応したらよいか具体的な方法のアドバイスを求めています。支援者は子どもに寄り添うことと同じように保護者の考えを尊重し、指導ではなく寄り添うことがまず大切です。その上で一つひとつ課題を一緒に取り組んでいきながら、保護者が子どものサインを感じ取り、子どもの言動の意図を理解するとともに、子どもの理解や行動の仕方の特徴（発達特性）を理解し子どもとの折り合いがうまくできるよう支援していくことが大切です。

学齢期の個別支援は公的機関だけでなく、訓練的取り組みや塾などの学習支援が広がっています。発達支援について多くの情報があるなかで、今の子どもにとって大切であり必要な支援を選択していくのは保護者です。専門機関には保護者が今の子どもにとって相応しい支援の場を選択できるよう支援していく責任があると考えます。

ここまでは言語通級指導について述べてきましたが、公的機関での支援の場である通級指導教室だからこそできること、それは専門職の立場から、子どもの評価を一人ひとり丁寧にし、必要な支援や今後の見通しを明らかにすること、そして学校、家庭と連携しながら「子どもの主体的活動に寄り添う支援ができる場」をつくっていくことではないでしょうか。

（比良岡美智代）

注1　ことばの教室は都道府県によって実態が違いますが、主に小・中学校に設置されている言語通級指導教室の通称として使用されている場合が多いです。滋賀県では幼稚園入園前から利用できます

引用・参考文献

荻野美佐子　2001「物語ることの発達」秦野悦子編『ことばの発達入門』大修館書店　173
文部科学省　2015「平成26年度通級による指導実施状況調査結果」
長崎勤　2001「「心の理解」とコミュニケーションの発達」『ことばの発達と障害1　ことばの発達入門』大修館書店　164
内閣府　2015『平成27年版　障害者白書』勝美印刷
田中裕美子　2015「ことばの遅れと言語発達障害」『発達』141　43
山上雅子　2014「発達臨床における「関係性」の視点の復権」山上雅子・古田直樹・松尾友久編『関係性の発達臨床　子どもの〈問い〉の育ち　終章』ミネルヴァ書房　229

第3章

発達障害児の保護者への支援

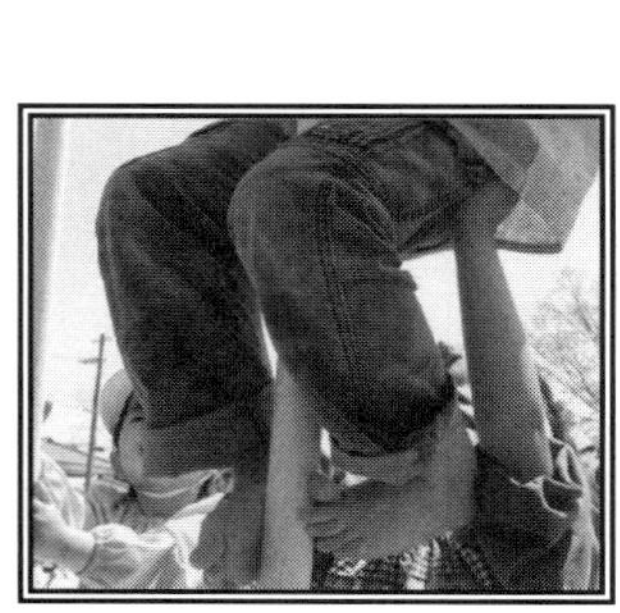

1　乳幼児期から就学前後の保護者への支援

――何かが違う。でも、何が違うかと言われたら分からない。ただ育てにくいとは感じていました。食事、睡眠、機嫌の悪さ……、毎日が必死で、朝が来るのがしんどかったんです。

――専門の先生に「様子を見ましょう」と言われて、どう様子をみればいいのか途方にくれました。何をすればいいのか、解決策がほしかったんです。

いずれも、発達障害児の保護者が、療育教室を利用するようになる前の子育てを振り返って話された言葉です。これらの言葉は、保護者が制度を利用するより早い時期にわが子に何か課題があるのではないかと漠然と気づいていたこと、また、健診等で課題が把握されても受けられる具体的な支援が示されないならば、保護者が戸惑い、不安をいっそう感じながら育児をせざるを得ないことを示しています。

発達障害者支援法の制定から10年、各地で発達障害の早期発見・対応の取り組みが進みました。母子保健分野では、「健やか親子21（第2次）」において「育てにくさを感じる親に寄り添う支援」が重点課題となり、その育てにくさの要因の一つに発達障害があるとして対応の必要性が取り上げられています。２０１４年7月に厚生労働省が出した「今後の障害児支援の在り方について」でも、障害が発展し固定化する前の段階での支援、障害と認識する以前の育てにくさへの「気づき」の段階からの支援が重要であるとされています。

その一方で、1994年の地域保健法改正によって乳幼児健診の医療機関委託が進められてきた頃から、知的遅れが顕著でない発達障害児や、発達障害とは診断がされないまでも何らかの発達支援を必要とする子ども（以下、要発達支援児）が保育園・幼稚園に入園してから把握される場合も少なからず出てきています。また、発達障害者支援法は財政的裏打ちがないため、対応の受け皿の整備が遅れている状況もあります。そうした中で保護者が療育の利用を望んだとしても、2012年の児童福祉法の改正により、市町村に利用申請し「受給者証」をもらわないと専門的な療育は受けられない仕組みになりました（序章参照）。療育を受けるための心理的ハードルが高まり、保護者の「気づき」の段階からの支援が有効にもかかわらず利用に至らないケースも出てきています。「気づき」の段階で適切な支援が開始され、親子を取り巻く関係機関が連携することにより支援が継続されていくためには、どのようなことが必要なのでしょうか。この章では、筆者が発達相談員として勤める大津市で、幼児期に発達支援の教室を利用した子どもの保護者にアンケート調査を行った結果や保護者との相談の場での語りから、保護者支援の中身を考えたいと思います。

1　保護者へのアンケート調査から

(1) 支援の対象を広げた大津市の発達支援

アンケート調査を実施した大津市では、従来の障害児療育で対象となってきた子どもの他に、発達の遅れ自体は大きくないものの、言葉の遅れ・生活のしにくさなどが認められて乳幼児健診で経過観察になってきた乳幼児や、健診は通過したものの保育園・幼稚園入園後に発達障害と診断された子どもの振り返り調査を重ねてきました。そして、２００６年にはそうした子どもたちへの発達支援事業を開始するとともに（大津市では「発達支援療育事業」の名称で実施。次章参照）乳幼児健診で把握できるよう改善しました。同事業は子育て支援施策のひとつとして位置づけられ、障害児を対象とした療育教室よりも対象を広げた発達支援の教室となっています。

(2) 大津市における保護者アンケートの結果より

大津市における子育て・発達支援に関わる関係者や研究者からなる「大津市子どもと子育てに関する保護者の意識調査会」では、前述の発達支援療育の事業開始後4年を経過した２００９年度に、同事業を利用している2、3歳幼児の保護者（以下、要発達支援群）を対象に子育て意識を質問紙調査しました。また、その追跡調査として、同じ対象児が小学校就学前後になった２０１２年度（対象児が保育園・幼稚園の年長・小学1年）に再度調査を行い、経年比較を行いました。あわせて、障害児療育教室利用児の保護者（以下、障害児療育群）にも2回にわたって同時期に同様の調査をしました。さらに、比較のために発達支援を利用していない群（以下、一般群）にも同時期に調査を行いましたが、一般群のみ、2回の調査対象は異なります（表1）。3群とも無記名調査で、その比較から、発達支援が必要な子どもの姿やその子育ての現状、課題を明らかにしました。以下では、要発達支援群の2回の調査を中心に結果を述べます。

子どもの生活状況について

要発達支援群は、乳児期を振り返って「育てやすかった」と答えた割合が4割でしたが、一般群の6割に比べ少ない結果となりました。育てにくさを感じた内容を尋ねると「寝つきが悪い」「ひどい夜泣き」「母乳やミルクをあまり飲まない」「（人との関わりの中で）泣いてぐずる」「真似をあまりしない」「あまりハイハイをしない」「うつ伏せが嫌い」という回答が多くありました。相談の折にお母さんが育児を振り返った言葉からもそうした姿がうかがえます。

息子がおとなしかったのは生まれて最初の1か月だけでした。それを過ぎると途端に寝なくなり、常に抱っこしていなければ一日ぐずっている赤ちゃんでした。念願の子どもで本当に可愛かったし、成長を感じる時はとても嬉しかったのですが、一緒にいて楽しいと思えることはありませんでした。周りに相談しても「うちもそうだったよ」と言われていたので、みんなが通る道なら私も頑張るしかないと思っていました。それなのに、頑張ってもがんばっても泣きたくなるようなことばかりで、育児の楽しさが見つけられない自分を情けなく思いながら日々を過ごしていました。

表1　2回のアンケート調査で対象となった3群の保護者の構成と有効回答数*1

	2009年度調査	2012年度調査	備考
要発達支援群	知的な遅れが顕著ではないが、何らかの発達支援が必要な「要発達支援児」で、発達支援の教室*2利用となった2、3歳児の保護者、22人	2009年度調査と同じ対象児（5歳児・小1）の保護者	2009年度調査以降に新たに6人の教室参加児があったが、無記名調査のため、2012年度調査はその保護者からの回答も含めた結果(25人)となった。
障害児療育群	障害児（知的な遅れのある発達障害児を含む）で、障害児療育教室利用となった2、3歳児の保護者、78人	2009年度調査と同じ対象児（5歳児・小1）の保護者	2012年度調査では17人から回答が無く、61人となった。
一般群	乳幼児健診（2歳6か月児・3歳6か月児健診：いずれも全数対象の集団健診）を受診した2、3歳児の保護者、650人	保育園・幼稚園の5歳児・小学校1年在籍児の保護者、1466人	この群の2回の調査対象者は異なる対象であるが、比較のため、上記2群の子どもの年齢に合わせて調査対象とした。

＊1　調査は無記名で実施。調査票の配布・回収は、2009年度は要発達支援群と障害児療育群は手渡しその場で回収。一般群は健診会場で配布その場で回収した。2012年度は要発達支援群と障害児療育群は郵送にて配布回収。一般群は校園を通じて配布、後日回収した。調査用紙の回収率は、要発達支援群から順に、2009年度は100%、100%、42%、2012年度は89%、78%、66%。

＊2　大津市の「発達支援療育事業」による新たな療育教室で、母子分離の日も取り入れて実施している（詳しくは4章参照）。

このように、要発達支援群では、乳児期には子どもの側に睡眠・栄養・運動面等での課題があり、保護者が一般的な育児の仕方でいくらがんばっても育てにくさが軽減されず、追い込まれる状況があることが示唆されました。その一方で、少数ではありますが育てにくさを感じない保護者もおり、子どもの課題を把握していく際には注意が必要です。

また、2、3歳頃には「寝つきにくい」「寝る時間が不定」「ひどい偏食」「食べムラ」「(食事・着脱) 自分でしようとしない」「泥など触りたがらない素材がある」「歌、踊り、お絵かきなどやりたがらない遊びがある」という回答が多くありました。要発達支援群では乳児期の育てにくさが続き、感覚やイメージの課題から苦手とする遊びがあるようです。

当時、子育ては外に出ることが良いことだと思っていたし、体を動かせば少しでも昼寝してくれるかもという期待があって、毎日外に連れ出していました。でも、散歩は家からすぐの公園にさえ行けませんでした。手を繋《つな》ぐことはなく、よその敷地内のものを触りたがり、少しでも自分の意にそわないと、その場にひっくり返って泣き喚《わめ》く始末。児童館や保育園にも連れて行きましたが、水道の蛇口は全開にしなければ気が済まず、全身びしょ濡れ、辺り一面水浸し、着替えは頑として受け付けませんでした。友だちが遊ぶ玩具を奪って片っ端から投げて回るなど、周りに迷惑をかけながら遊ぶので、私は追いかけ、片付け、そして謝ってばかりいました。どこへ行ってもすんなりと帰ることはできず、号泣して暴れ回る息子を無理やり抱え帰宅していました。それなら家で過ごせばいいのですが、毎朝寝起きが悪くて泣かれ、着替えが嫌だと泣かれ、オムツを換えようとするとギャーギャー怒り、ようやく昼寝したと思ったらあっという間に起きて、また寝起きが悪い……、一日中次々と癇癪を起こされていました。

２、３歳頃は、子どもたちの活動の場が家庭だけではなく公園や児童館などに広がっていく時期です。しかし、要発達支援群の子どもの場合、空間や人に慣れにくく遊びが見つけにくかったり、好きな遊びが偏っていたり、自分の思いがうまく表現できなかったりしてトラブルになる姿も見られます。

保護者の育児に関する意識・心身の疲労度

保護者の育児意識や心身の疲労度を尋ねたところ、要発達支援群ではいずれの時期にも育児不安・イライラが一般群に比して高く、自分の子育てに対する肯定感も低い傾向が見られました。しかし、２０１２年度調査の自由記述では、「（教室を利用することで）子どもを理解することができた」「子どもとの接し方が分かった」などの回答も見られており、小学校就学前後には子どもの特性を理解し、接し方を学び獲得する中で、子どもに対する肯定的な感情が高まったり、その保護者なりの子どもとの関係のとり方に自信をつけたりしている様子がうかがえました。身体疲労感も2、３歳頃より低下していました。

教室を利用するまでは、わが子がこちらの苦労などお構いなしに自由奔放に生きているようにしか見えませんでした。教室に通い始めてから、少しずつわが子のこだわりの強さや見通しの持ちにくさといった特性がわかるようになり、思いと行動がリンクしないために苦しんでいるのだと気づくようになりました。

２、３歳頃のアンケートでは、発達支援の教室から保育園・幼稚園への移行にあたって、入園した先でわが子を理解してもらえるのかという不安が表れました。それが小学校就学前後になると、「発達障害の子どもこそ支

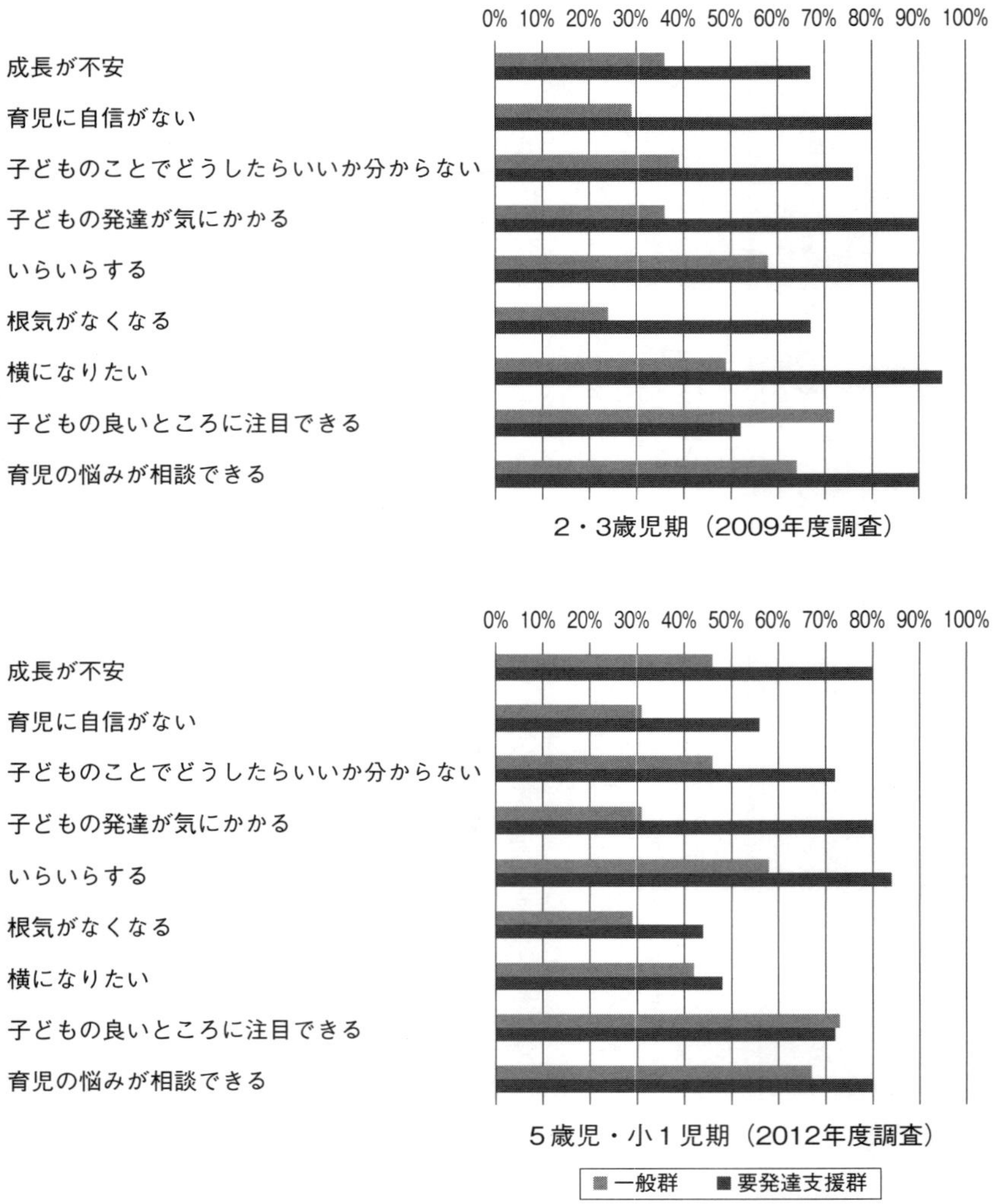
0% 10% 20% 30% 40% 50% 60% 70% 80% 90% 100%
成長が不安
育児に自信がない
子どものことでどうしたらいいか分からない
子どもの発達が気にかかる
いらいらする
根気がなくなる
横になりたい
子どもの良いところに注目できる
育児の悩みが相談できる
2・3歳児期（2009年度調査）
0% 10% 20% 30% 40% 50% 60% 70% 80% 90% 100%
成長が不安
育児に自信がない
子どものことでどうしたらいいか分からない
子どもの発達が気にかかる
いらいらする
根気がなくなる
横になりたい
子どもの良いところに注目できる
育児の悩みが相談できる
5歳児・小1児期（2012年度調査）
一般群
要発達支援群

図1　保護者（母親）の育児意識・心身の疲労度の経年比較

援が必要であることを理解してほしい」「就学後も継続して相談できるところがほしい」という積極的な意見が出されるようになっていました。保護者の子ども理解が進む中で2、3歳頃と比べれば自信が持てないという回答が減り、「子どものよいところに注目できる」という肯定的な感情は高くなっていました（以上、図1）。

子どもが自分を理解してもらえる環境で、少しずつ思いを伝えられるようになり、時には思い通りにならなくても妥協点を見つけて気持ちを切り替えられるようになりました。友だちを誘い楽しそうに遊ぶし、苦手な感触遊びに取り組もうとする姿も見られます。こちらの話も聞いてくれるようになり、日常生活も楽になりました。今でも環境の変化には敏感で、普段と違うことがあるとドキドキして緊張に耐えられなくなることもありますが、経験が自信につながっているようです。

家庭での過ごし方

要発達支援群ではいずれの時期でも家庭でのＴＶやゲームの視聴・利用時間が長い傾向がありました。家庭では、一人あるいは家族と室内で過ごす子どもが多く、地域で友だちと過ごすことが家庭の努力だけでは実現されにくい状況が推察されました。これに対し、障害児療育群では小学校就学前後になると、過ごし方のひとつとして福祉サービス（放課後児童デイサービス事業等）の利用があげられ、福祉サービスを利用している群ではＴＶやゲームの視聴・利用時間が少ない傾向がありました。しかし、要発達支援群では、現行の障害児の福祉制度の対象とならない自治体が多いことから、福祉サービスの対象の拡充と合わせて、地域の子育て支援施策の中で発達支援を充実していくことが求められます。

小学校就学前後・就学後の支援、相談体制

小学校就学に際して、一般群では、学校生活、教育費、安全面など現代の子育て事情を反映した心配事が多いのに対し、要発達支援群では、子どもの成長や発達、将来、学校生活といった子ども自身を取り巻く課題や環境への不安や心配が高く、質が異なっていました。また、小学校就学前は集団活動への不安が、就学後は学習への不安が強い傾向がありました。そうした中で、就学前後および就学後の相談体制や教育体制の充実、放課後の活動・場の保障を求める意見が出されました。

要発達支援群では、子どもの発達に関する悩みは継続していくものの、保護者が子どもの在籍する園や学校、専門機関と相談しながら子育てする関係を早期に築き、在籍する場が変わってもその関係性を継続しながら主体的に相談している様子もうかがえます。一般群でも約3割が子どもの発達を心配したことがあると答えており、教室の利用の有無にかかわらず、必要なときに悩みを気軽に相談できる体制が整備される必要があります。

> 私たち家族は教室に通ったおかげで成長させてもらいました。私は息子の生きづらさをなかなか理解してあげられませんでしたが、先生や保護者の方と交流する中で色々学び、その中で自分自身の考えも変わっていきました。何よりいつでも悩みが相談できる場所がある安心感は計り知れず、私は育児が楽しいと思えるようになりました。

(3) アンケート調査結果のまとめ

要発達支援群では、子どもの生活しにくさ・育てにくさから、2、3歳頃には保護者は育児に自信がもちにくく、子どもの良いところが捉えにくい、また、身体疲労感が高い結果でした。それらが小学校就学前後になるとやや改善し、子どもへの肯定的感情も高くなっていました。これらの結果から、発達支援の制度を積極的に利用するなどして、子どもが育っていく見通しや特性を理解し、子どもに即した接し方を見つけること、保護者の仲間を作ることなどの取り組みが有効であると考えられます。

さらに、要発達支援群では、保護者の言葉にあったように、支援を受けていく過程で保護者自身が周囲との相談関係を築いていくことが特徴です。しかし、子どもの発達や成長、将来などに対する不安は、一般群より高い傾向が見られます。加えて、小学校就学前後は、学齢期の課題である学習や、親には見えにくくなる子ども同士の関係など、学校生活に関わる新たな不安や心配が高まります。「発達上の課題があると周囲にわかってもらえにくい子どもたちだからこそ継続的な支援が必要だ」と訴える保護者の声も聞かれており、乳児期から就学後への継続的かつ丁寧な保護者支援が必要です。

2　乳幼児期から就学前後の保護者支援で大切なこと

(1)「気づき」以前の子育て支援

発達障害児や要発達支援児を育てる保護者が、子育ての初期に、わが子の育てにくさや生活しにくさを感じ、こうした時期に子育ての悩みを「いろいろな窓口で相談したことがある」と話すことも少なくありません。しかし、この段階では、子どもに発達上の課題や障害があるかもしれないという「気づき」や将来に対する不安として意識されているとは限りません。このことから、保護者が相談したいと思う場面で出会う支援者が、保護者が訴える育児の困り事や相談事に対応するだけでなく、その後必要なときには専門的支援につなげられるようにすることが大切です。そのためには、さまざまな場にいる支援者が日頃より研鑽するだけでなく、支援者同士の連携が取れていること、つまり「気づき」の時点で相談ができるような関係がそれ以前に親子の周囲で構築されていることが重要です。

(2) 従来の障害児療育の対象を拡大した発達支援とその役割

保護者が発達支援の制度を利用したいと思っても、診断や受給者証などの障害の認定を受けることが前提となると心理的ハードルが高くなります。そのため、発達支援の制度利用にあたっては、保護者の心理的ハードルを低くし、利用しやすいように工夫している自治体もあります。発達支援の取り組みを一般の子育て支援の中に位置づけるところもあれば、乳幼児期の障害児療育事業のひとつとして実施していても医師による診断を必要としないところもあります。いずれにしても、保護者の受容過程や今日の子育て環境の難しさを考えると、「気づき」の段階から支援がスムーズに開始されるよう、利用のしやすさと従来の障害児療育の対象の枠を拡大した取り組みの両方が求められています。また、そのなかでは、これまでの障害乳幼児に対する療育が大事にしてきた子どもも理解、保護者の仲間づくりを通して、自分の子育てを肯定的に捉えられるような支援、さらには、保護者自身がわが子らしさを自ら主体的に周囲に発信して、相談できる関係を築けるようになる支援を行いたいものです。

周りに理解をしてもらうことで、この子は自分らしく成長していくと確信が持てました。そのためにはまず家族が子どもを理解していくこと、そして周りの人と一緒に子育てをしていくことが必要なんですね。

(3) 移行期にあっても継続する支援・相談の体制を

発達障害児や要発達支援児の保護者の不安は、子どもが過ごす環境や時期、出会う集団によって形を変えながらも続いていきます。支援の場が療育教室等から保育園・幼稚園、小学校と移行していくときには、「わが子に必要な支援が受けられるだろうか」「周りの子どもとうまくやっていけるのか」「自分自身が相談できるだろうか」など、数々の不安が出ます。目の前にいる子どもや保護者、家族にはこれまでの生活の歴史があります。そうした背景を理解し、途切れることのない一貫した支援が行えるよう、丁寧な移行支援を行いたいものです。また、各地域に整備されてきた発達支援センターが、子どもと保護者はもとより、支援者である保育者や教員からの相談にも専門機関として対応できるよう体制の充実も求めていきたいものです。

支援のなかで得られた子ども理解を通して、保護者は次のように語ってくれました。

子どもがどうしてその行動をとるのかがわかりませんでした。何を考えているのか、どうしてそういう行動になるのかがわかったとき、子どものことが可愛いと思えました。

（小原　佳代）

引用・参考文献

厚生労働省障害児支援の在り方に関する検討委員会　2014「今後の障害児支援の在り方について『発達支援』が必要な子どもの支援はどうあるべきか」（報告書）

大津市子どもと子育てに関する保護者の意識調査委員会　2010「平成21年度大津市子どもと子育てに関する保護者の意識調査」

大津市子どもと子育てに関する保護者の意識調査会　2013「平成24年度大津市子どもと子育てに関する保護者の意識調査その2」

2 学齢期の保護者への支援：子どもの発達と保護者のライフコースに即して

発達障害児をもつ保護者は、子どもの誕生から我が子の障害の診断を受けるにあたって、どういった感情を体験するのでしょうか。また、保護者は障害のある我が子と共にある将来について、どういった思いを抱いているのでしょうか。ここでは、保護者自身の人生において子育てがどう位置づけられているかを概観しながら、特に学童期における保護者への支援について考えていきたいと思います。

ライフライン・インタビュー・メソッドとは

自分自身の誕生から現在までの感情の浮き沈みをラインの上昇・下降により表現してくださいと言われたら、みなさんはどのようなラインを書くでしょうか。子育てをしているお母さん方にライフラインを書いてもらうと、図１のように結婚、出産といった出来事がラインのトップに表現され、子育てや仕事、家族の状況によりラインは上昇や下降を見せます。また、将来においては、子どもの思春期や成人、両親の介護などの出来事がラインの起伏として表れてきます。

本章で取り上げるライフライン・インタビュー・メソッド（Life-line Interview Method：ＬＩＭ）とは、個人の感情の浮き沈みがラインの高低によって表現されるもので、そこでの出来事を聴き取ることにより、浮き沈みの要因を検討することができます（Assink, M.J..& Schroots, J.F., 2010）。ここでは、発達障害児をもつ保護者のライフラインを紹介しながら、保護者支援で重視すべき点について考えていきます。

1　発達障害児をもつ保護者のライフコース

(1)ライフラインにみる発達障害児をもつ保護者の思い

発達障害児を育てる保護者のライフラインにおいても、結婚、出産といった出来事が表現されることに変わりはありません。大きな違いは、子どもの出産後から子育ての困難、発達への違和感、そして乳幼児健診での指摘といった障害の診断に至る過程で、ラインが落ち込むことです。

今回は、保護者の視点に立って、子どもの各発達段階において保護者が直面する状況について解説していきたいと思います。ラインの書かれ方は個人によって異なり、発達障害児の保護者が体験する感情の起伏は一般化できるものではありません。保護者支援に携わる専門家は、そのことを理解した

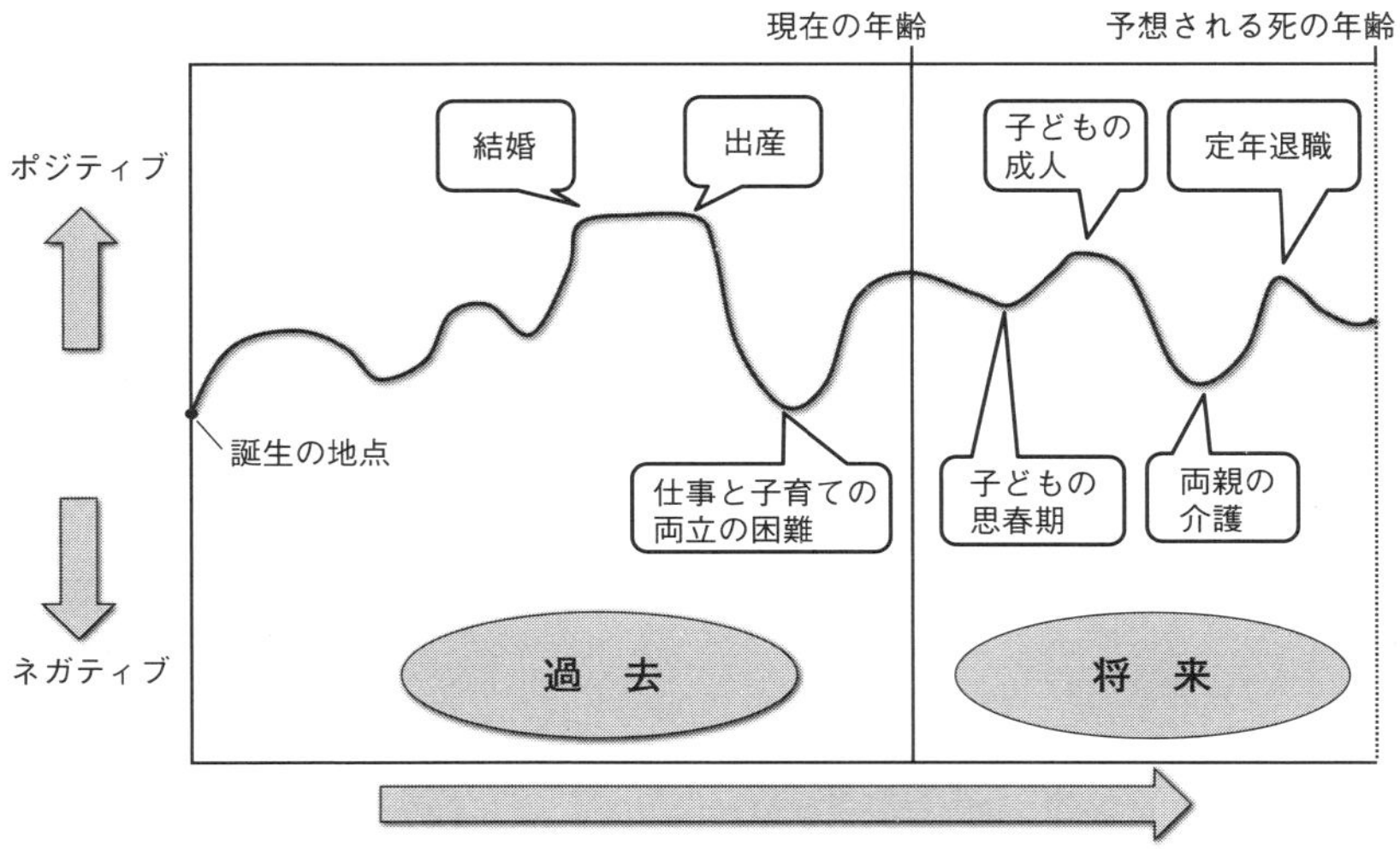

図１　子育て中のお母さんのライフラインの一例

上で支援にあたることが前提になります。なお、本章で取り上げるAさんの事例は、親子が特定されないように、筆者が発達相談や療育の場において出会った複数のケースを組み合わせたものであり、実在するものではありません。

Aさんの事例

Aさんは、中学1年生のBちゃんの保護者です。

Bちゃんは、生まれて半年ほどは、手のかからないおとなしい子どもだったそうです。しかし、生後8か月頃より夜泣きが激しくなり、この頃よりAさんの子育てへの心労は深まっていきました。さらに、Bちゃんは、這い這いをあまり経験しないまま歩き始めたこともあり、バランスが取れずあちこちに身体をぶつけてしまうことが度々ありました。外出先では親を気にせずどこまでも行ってしまうため、追いかけて探し回ることが多くなりました。また、行動を止めようとすると激しく泣き出し、親であるAさんが抱きとめても泣き止みません。そんな我が子を前に、Aさんは周囲の目を気にして外出を控えるようになりました。この時を振り返って、Aさんは「日常ずっと一緒に過ごしている身としては、発達への違和感のようなものは感じていた」と話します。しかし、親族に話しても「気にしすぎだ」と言われてしまい、それ以上の相談はできなかったそうです。そのこともあり、AさんはBちゃんの行動を自分の子育ての問題として考え、何かしなければと思えば思うほど、その思いに応えてくれない我が子を前に気持ちが沈んでいきました。そして、Aさんは1歳半健診の時、保健師から発達相談を勧められることになります。

この時期が、Aさんはとても辛かったと話しています。ライフラインにおいても、この1歳半健診までの間にラインが急下降しています（図2）。

そこから、Bちゃんは親子教室の通室を経て療育施設に通うことになりました。そして、3歳前に自閉症スペクトラム障害の診断を受けましたが、この頃は覚悟が決まっていたと話します。Aさん自身の気持ちが少しずつ落ち着き始めたのは、1歳半健診から2年ほど経ってからであったと振り返り、それがライフラインにも表れています。

その間に、Aさんを支えたものは何だったのでしょうか。Aさんの話からは、療育施設に通う中で、それまで分からないことばかりだった子どもの行動の理由について知ることができ、Bちゃんとの向き合い方がわかってきたことが理由としてあげられます。また、同じ悩みを抱える保護者と出会えたことで自分の居場所ができたと話しています。さらに、3歳になったBちゃんが幼稚園に入園し、その成長を感じたことも支えとなりました。幼稚園では、保健師、療育施設の職員と連携を取り合いながら、Bちゃんの発達の力を存分に発揮できるよう取り組まれていました。

そして、就学にあたっては、幼児期に培ってきた発達の力を一番に生かせる教育の場を考えた結果、通常学級に在籍し通級指導教室を利用することにしました。

小学校入学後、Bちゃんに学校での大きなトラブルはみられませんでした。しかし、学校から帰ってから、Bちゃんに気がかりな行動がみられだしました。自分が触る物が不潔に感じるのか、執拗に手を洗うようになったのです。ラインの強い落ち込みはみられませんが、停滞したような状態がこの時期です。そして、3年生になった頃、これまで友だちとの関わりを積極的に求めてこなかったBちゃんが、周りの子どもの反応を気にするようになってきたのです。「〇〇

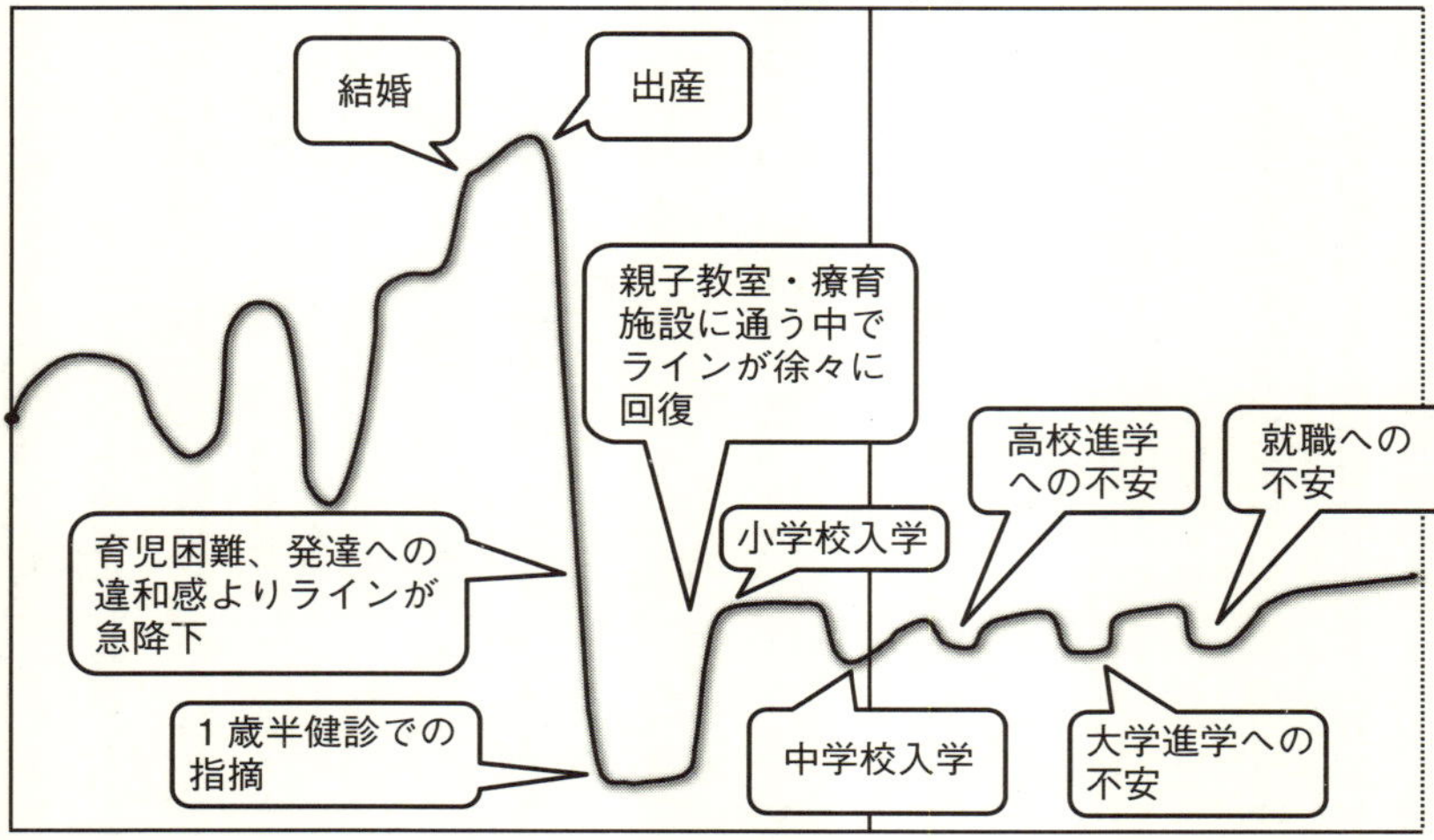

図2　Aさんのライフライン

ちゃんが……っていった」など周囲からの言葉に傷つくことが増え、また周囲の人がしていることにイライラした気持ちをもち、それを周囲はわかってくれないという気持ちに悩まされるようになったのです。また、これまで何とか取り組んできた宿題を嫌がるようになり、学習面でも壁を感じるようになりました。さらに、小学校高学年になると、クラスの中で女の子同士がグループを作り一緒に行動することが顕著になってきました。Bちゃんは、友だちと一緒にいることを意識するようになり、友だちがいないという状況に強い不安感を抱くようになったのです。学校から帰宅するとBちゃんは、友だちと一緒にいるために、自分の言いたいことを言えない苦しい状況について涙ながらに話すようになりました。Bちゃん自身は、自分の思いを話し聞いてもらうと、少しすっきりした表情になります。

保護者であるAさんは、Bちゃんのもどかしい気持ちを聞きながらどうすることもできないことが、その当時の悩みだったと話します。このように、ライフラインの起伏としては表れていませんが、悩みは継続していました。この小学校時代にラインの落ち込みがみられなかった理由には、担任の先生が通級指導教室の先生と連携を取りながら、Bちゃんと Aさんを支える体制が整っていたことが大きい要因であったのでしょう。

Bちゃんが中学生になってから、Aさんは新たな悩みを抱えるようになりました。

Aさんによると、中学生になり子どもの学校での様子がつかめなくなっているといいます。それは、子どもが語らなくなるということもありますが、中学校では担任はいるものの教科ごとに担当が違うため、Bちゃんを一貫して理解することができないというのです。情報が十分に入ってこないことで、Aさんは子どもの学習や友人関係などの実情について不安を抱くようになりました。中学校での状況を正確に把握することは難しい状態でしたが、Aさん自身の不安な気持ちは徐々に変化しています。その理由は、Bちゃんの育ちにありました。絵を描くことが得意だったBちゃんが美術部に入り、心を許せる友だちと出会えたのです。一方で、小学校時代のように自分のことを語らなくなったBちゃんに対して、本当は心のどこかで悩みを抱えているのではないかとの心配も抱えています。

そして、Aさんは将来のライフラインに、Bちゃんが今後迎える高校・大学への進学、そして就職に関しての不安を表現しています。そこには、受験への不安と同時に、進学後の学校生活、就職後の社会生活における困難を予測し、今目の前の我が子に何ができるかを日々考え続ける発達障害児を持つ保護者の心情が表れています。

(2) 保護者が直面する困難と求められる支援

Aさんのライフラインにみられるように、専門家からの指摘や診断が人生における「どん底」に位置することは、多くの保護者に共通することでしょう。しかし、相談を通して明らかになったことは、診断に至る過程で保護者を受けとめる体制が整っているかどうかが極めて重要だということです。また、図2のようにラインが急下降する時期は「子どもの発達への違和感」を感じており、この時期に母親が一人で悩みを抱えている場合が多くあります。つまり、保護者は専門家からの指摘を受ける以前に障害の可能性に気づいているのです。そして、保護者は、「気づいていても自分からは相談に行けない」というのが現実なのです。そのため、保護者が気づく以前に支援は開始されるべきであり、保護者に寄り添い子どもを共に育てる関係を専門家が築いておくことが必要になります。

次に、保護者が「どん底」の状態から抜け出すきっかけについて考えていきます。多くの保護者が療育施設に通うことをひとつのきっかけとしています。なぜそれが大切なのかは、Aさんの事例のように、子どもを理解する場になることもありますが、「親と子ども」の二人きりの関係から抜け出すということ、そして親同士のつながりができるという点が重要なのでしょう。

2　学童期に保護者が直面する困難と親のニーズ

⑴生活上の悩みを共有する場の不足

Bちゃんの事例にあるように、乳幼児期に丁寧な対応を受けてきた子どもたちは、小学校1年生の頃に顕著な行動上の問題を引き起こすことはあまりありません。しかし、生活上の悩みは幼児期と姿を変えて続いています。そのため、保護者からは、子どものふとした行動の変化に気づき相談したいと思った時、どこに相談すれば良いかが分からないといった声がきかれます。保護者と話をする際に共通していえることは、「その時その時で悩みの内容は違うけれど、日々悩みはつきない」というものです。療育施設、保育園・幼稚園では面談の時間以外にも、送迎の際に日々のコミュニケーションの場が確保されています。そのため、悩みが生じた時にそれをすぐに共有できる相談相手が存在したのです。しかし、学童期になると、そういった日々の小さなコミュニケーションの中での相談が難しくなり、生活面での相談をする場が身近にもてなくなります。豊かな生活を保障するためには、生活、遊び、学習を切り離さずに、乳幼児期から支援を継続していくことが重要ではないでしょうか。

(2) 学習の積み重ねに関する困難と親のニーズ

学童期には、幼児期の遊びを中心とした活動から、机上での学習が主となります。特に、小学校中学年頃より学習面では文章問題など抽象概念の理解に困難が生じ、そのことが学習意欲にも影響を与えます。小学校低学年でわからないままに授業が進み、学習の積み重ねができないままに中学年を迎えることが、がんばれない自分という否定的な感情を抱くことにもつながります。保護者からは、学童期に求める支援として、学習において個人別に対応してくれる体制を整えてほしいとの意見がきかれます。通常学級在籍の場合、集団の規模に対して配置される教師の数が限られるといった背景もありますが、一律に進んでいく学習の中で自分なりに考えて答えを導き出していく体験が欠けることのないよう、学習面の支援体制を整えていくことが必要でしょう。また、自閉症スペクトラム障害の場合では、障害特性からグループ学習などの学習スタイルにおいて困難が生じる場合があります。学童期には、このような子どもの障害特性や発達に応じた支援を実現することが課題としてあげられ、それを学校全体で共有していくことが重要となるでしょう。

(3) 友だち関係の築きに関する困難と親のニーズ

乳幼児期には周りの子どもたちと一緒に生活し、同じ場を共有する中で子ども同士の関わり合いを経験しますが、学童期になると子ども自身が友だちの存在を意識するようになります。特に、小学校中学年の9、10歳頃の発達の節目を超えると、友だちから自分がどうみられているかを気にかけるようになります。その中で、発達障害児においても自分と友だちとの関係について悩みをもつようになります。Bちゃんの事例にあるように、自閉症スペクトラム障害の子どもにおいては、他者が自分とは異なった心や考えをもつということを理解する時期が遅れながらもやってきます。しかし、友だちとの関わりを持とうとするが、そこで生じた友だちの言動に敏感に反応するという事態も引き起こしてしまいます。また、発達障害の子どもたちの言動に対して、周囲の子どもが敏感に反応するような場面も生じてきます。発達障害の子どもにおいては、周りの子が一種のからかいのような行動をしていても、その行為の意図までは気づくことができず、保護者からは「いいように使われてしまっていないか」といった心配事が語られることがあります。

この時期の保護者の悩みとしては、「友だち関係は家庭では学べない」ということであり、学校現場に委ねるしかないということです。学童期における保護者の願いとしては、発達障害のある子どもたちが周囲の子どもたちとの関わり合いの中で、他者との関係調整を学んでいく機会を保障することがあげられます。特に、Bちゃんの事例にもあるように、小学校高学年になると女の子同士、男の子同士のグループがより強固になってきます。この時期になると、保護者が求める支援は、友だちと同じ場所にいることや一緒の活動をするといったものではなく、「親友と呼べる友だちをつくる」ことに重きが置かれます。「親友」という言葉には、真に自分を分かってくれる相手、自分の興味や関心を理解し分かち合ってくれる相手、悩んだ時には相談できる相手といった思いが込められているのではないでしょうか。それでは、小学校高学年になった時に、「親友」といった人間関係を形成するには、どういった支援が求められるのでしょうか。幼児期から学童期にかけて友だちと生活や遊びを共有し、思い通りにならなかった体験、それを友だちの支えで乗り越えた体験、自分の得意な力を認められる体験が十分に保障されることが望まれています。

(4) 思春期・成人期の親のニーズ

保護者の話からは、乳幼児期から子どもの自立を考え行動されていることを痛感します。特に、学年が上がるにつれて、体は大きくなり話す言葉も巧みにはなりますが、買い物をすることや切符を買って出かけるといったあたりまえのことができていないとの悩みを聞くことがあります。学童期においてはソーシャル・スキルを学べる場を求めるとの声がきかれますが、そこには、子どもが実際に社会に出て使える力を学んでほしいという願いがあるのでしょう。この点について、保護者からは、子どもには「困難があった時に、それを身近な人に相談して解決していく力」を身に付けてほしいとの声があがっています。困難とは自分自身で抱え込むものではなく、他者の力を借りて解決していくものです。これは、発達障害のある人だけでなく全ての人にいえることであり、それが本当の意味での自立といえるでしょう。

こういった意見を背景として、子どもが成人して親元を離れた際のことを考え、地域で発達障害者が自立した生活を送れるような支援体制を望む声がきかれます。成人した後、困ったことがあった時にいつでも相談ができる体制として、発達障害者のためのグループホームのような生活の場や、職場での支援体制を整えていくことが課題としてあげられるでしょう。

3　子どもと保護者のライフコースを見通した支援

発達障害児をもつ保護者のライフラインでは、小学校の進級や中学校入学といった移行期にラインが落ち込むケースがみられます。発達障害児の保護者にとっては、子どもの華々しい門出が「危機」となりうるのです。また、将来のライフラインでは、高校・大学進学への不安、就職などさまざまなライフイベントでラインの落ち込みがみられます。保護者は我が子の診断を受けた時から、その子の将来を背負い、そして誰よりも子育てに力を注がなければならないという責任を感じながら生活をされていることがわかります。そして、何度も困難に出会いながら、それを乗り越え、そしてまた落ち込む時期がくるだろうことを予想しながら生活しているのです。

このような保護者のライフコースを踏まえ支援をしていくために、乳幼児期、学童期、思春期、成人期というライフサイクルの中で子ども自身の発達課題を理解していくことが必要とされています（定本、2006）。その際、各時期に特有の課題はありますが、その時その時の取り組みが次の発達段階にどのように生かされていくのかを考えながら支援していくことが重要になってきます。本章で述べたことは、各時期において、子どもと保護者が抱えるだろう困難を理解し、長期的な見通しのもとで親子を支援していく体制を考える手がかりになるでしょう。本章のまとめとして、子どもの発達と保護者のライフコースを見通した支援として、各時期に重要となる支援について述べておきたいと思います。

①保護者と子どもをつなぐ支援

幼児期には、保護者が子どもを理解し対応のあり方を学ぶ機会を保障することが重要となります。診断の前後にある保護者の思いを受けとめる支援は最も重視すべきことです。保護者が子どもと向き合うためには、まず保護者が信頼できる相談相手や悩みを共有できる親同士のつながりの中で「居場所」をみつけることが必要となります。保護者は、子どもの行動の意図が分からず、どう対応したらよいか分からない時に困難を感じます。日常生活での何げない心配事を相談できる場を用意し、保護者が子どもを理解する機会を保障していくことが重要でしょう。

②子どもと子どもをつなぐ支援

学童期になると、生活年齢から子ども同士の関係がより一層密になり、発達障害児もまた友だちを求めるようになります。特に、小学校中学年になると、低学年までは大きな問題がなかった子どもたちに友だち関係や学習面での課題がみられるようになることがあります。その結果、学校からも子どもの「困った」姿について指摘を受けることにもなり、保護者の不安が高まる時期でもあります。一方、学童期における友だち関係は、保護者自身の努力で解決できる課題ではなくなってきますので、それだけに保護者自身は子どもに何ができるかを悩むことになります。そのため、学童期には、子どもの障害特性をふまえた上で、その生活年齢にふさわしい仲間関係を学校や学童保育などの現場において作り出すことが重要になってくるでしょう。

③子どもと社会をつなぐ支援

保護者が思い描く将来について一律に共通のものがあるとはいえません。しかし、ひとつ確かなことは、保護者は自身の生涯にわたり子どもの将来を背負っているということです。そして、その一つの節目は子どもの自立です。また、保護者の相談においても、学年が上がるなかで子どもが社会に出るうえでの土台づくりを求める意見があげられるようになります。発達障害児とその保護者の支援に携わる立場として、子どもが社会で自立した生活を送ることを見通し、社会に出た際に利用できる体制を保護者と共に作り出していくことも重要な視点だと考えます。

引用・参考文献

Assink, M.J., Schroots, J.F. (2010). *The Dynamics of Autobiographical Memory: Using the LIM/LIFE-LINE INTERVIEW METHOD*, USA: Hogrefe Publishing.

定本ゆきこ　2006「アスペルガー障害の生きにくさを支える」京都ひきこもりと不登校の家族会ノンラベル『どう関わる?-思春期・青年期のアスペルガー障害』かもがわ出版　23-69

Schroots, J.F., van Dijkum, C., & Assink, M.J. (2004). Autobiographical memory from a life span perspective. *International Journal of aging & human development*, 58(1), 69-85

（荒井　庸子）

3　地域の特徴に応じた保護者支援

1　家庭や地域の生活をふまえた支援

(1) 生活や地域を知る

それぞれのライフステージにおける支援は、家庭や地域の生活を反映してあります。また、その時々のライフステージで出会う人びとや援助者も変化します。さらに、個々の家庭の生活は、その家庭の文化としてありますが、個々の家庭によって地域は構成されています。地域とは、その家庭をとりまく近所や子どもが通う学校など、一定のまとまりのある特徴をもつ空間領域です。そして、そのまとまりは、固定的、普遍的なものではなく、時間やライフステージによって変化します。価値観や文化、生活習慣も集落によって共通する点もあれば異なる点もあります。地域は、それらの集合体として構成されています。個々の家庭や地域によって、生活様式も価値観も文化も異なる中で、障害をもつ子どもとその家族への支援においては、その家庭や地域を知ることがまず大切になります。しかし多くの場合、文化という「認知枠」をはずしてものを見たり解釈することは難しいことです。

そのように考えた時、援助者が自分の視座で物事を見ようとしていること、自分の枠組みで見ていたり、わかろうとしていることに自覚的になることが大切になります。

その家庭の生活や文化を知るとは、その家庭の「生活について知る」ことではありません。「○○さんの家では、テレビを見ながら食事をしている」ということがどのような意味なのか、「その生活の意味を知る」ということです。地域を知ることも同様です。その家庭や地域の生活を知るとは、その家庭や地域の人々の生活背景にどのようなことがあるのか、なぜそのような生活をしているのか、その意味や文化を知るということです。例えば、「食事は全員揃って食べる」という家庭や「食べられる人が食べられる時に食べる」など、家庭の事情はまちまちです。そこにはおのずとそのような生活様式である意味や理由があります。道東（北海道東部地域）の酪農家では、朝夕の搾乳が必至ですから、朝は子どもたちだけで食事をすることも少なくありません。また、夕方学校から帰った時はお父さんもお母さんも牛舎で仕事をしているのがあたりまえの生活です。個々の家庭が、その家庭に見合った様式を工夫し、うまくいかなかったら修正していく営みこそが生活です。

その地域や家庭の仕事によっては、そうせざるを得ない事情があることを想像することが、対象を個人にとどめず、地域全体を視野に入れた支援を可能にします。

(2) 支援につながる糸口

家庭の生活は、養育者の被養育体験や知識、価値観も含めたその家庭の文化を反映してあります。「食事は自分が苦手なものも、子どものためだからと積極的に作って食べさせている」と話されたお母さんがいました。自分が嫌いなものを「子どものためだから」と作ってあげようと思うお母さんに、なぜそのような気持ちになられるのか聞かせてもらったところ、「私が嫌いなものをこの子も食べられなくなったら困るだろうな、と思った」と話されました。そして、「私は、苦手なものを無理に食べさせられてすごく辛かったから、この子には私と同じ気持ちを味あわせたくない」と話されました。どのようなことが背景にあって、そのような考えに至ったのか、地域の実情を反映した生活のあり様も含め、その語り（ナラティブ）をていねいに汲みとることが相手を理解しようとする基本的な態度だということができるでしょう。

このように、支援とは、その地域の地域性や文化など、生活の中で形成される「価値観」や「考え方」を理解しようとすることからはじまります。

2　生活と発達障害

一般的に、個人が抱えている「生物学的な障害」が、常に生活レベルの障害につながるとは限りません。個人が抱えている障害が、生活の制約や困難をもたらさないこともありうるということです。茂木（2012）は、個人が抱えている困難は、生物学的・医学的な特質に由来するものと学校や家庭、地域における生活経験に由来するもの、これら二つの困難が複合し、その結果としてあらわれると述べています。さらに、生活経験によっても困難のあらわれ方は異なります。

筆者が訪問させていただいている保育所の5歳児クラスは17人の集団です。自閉症のAくんは2歳児で入所しました。2歳児から一緒に育ちあう中で、子どもたちは、お互いの得意なことや苦手なこと、好きなことや嫌いなことも知っています。Aくんが困っている様子をみると、自然とNちゃんが手伝ってあげます。手伝うといっても、Nちゃんは何も言わず、そっと手を差し伸べるだけです。「あとは自分でできるよね」ということがわかっているのでしょう。そのように手を差し伸べてくれる仲間がいることで、自分の苦手なことや他児が楽しそうにしていることを自分もやってみたいという気持ちが育つのではないでしょうか。このようなAくんへの支援は、大人がどのように関わればいいか、という枠を超えたところにあります。

発達は生活を反映してあらわれ、その結果としての制約や困難が場面や状況によってあわれたり、あらわれなかったりするのです。例えば、児童デイサービス（今日の児童発達支援事業）はその運営、事業形態も様々で、地域によっても特色があります。当然、親の子どもとの関わり方や向きあい方が、通ってくる地域によってもちがうことがあるでしょう。ある児童デイサービスの1～3歳児の親子教室では、登園後は親子での自由遊びの時間です。トランポリンを待っている他の子どもにおかまいなく飛ぼうとする我が子に、繰り返し手を引いて注意をしているお母さんがいました。その光景は、子どもと一緒にあそぶというよりは、まわりに迷惑をかけないように「監視している」ように見えます。しかし、そのことには、単に母と子どもの関係の問題ではなく、その地域の子育て事情の問題があることを保育者から聞いて理解できました。その親子が住んでいる地域では、「親は子どもが他児に迷惑をかけないように見守る」役割があるというのです。子ども同士での物の取り合いになると、お母さんの顔色がさっと変わり、間髪入れず「〇〇のじゃないでしょ」と注意するそうです。子どもの取り合いなどもふくめ、子どもの行動は「親のしつけのあらわれ」とみられるとのことでした。

生活のなかでさまざまなことを経験し、そのことの事実によって子どもも親もその関係が形成されていくのです。個人やその家族だけで、生活があるのではありません。その地域のさまざまな考え方や「常識」「しきたり」のなかで生活する息苦しさや困難を受けとめられる援助者でありたいものです。援助においては、日々の生活のなかで子どもやその家族がどのような活動をしていて、どのような気持ちや感情があらわれ、そのことがどのように個人に内面化されていくのかといったことをすくいとれる感受性をもっていたいものです。

子どもは、障害をもっている子どもも含めたさまざまな活動のなかで、自分と他者の関係のあり方を学んでいます。先の保育所の例でも述べましたが、子どもたちは、乳幼児期からの育ちあいのなかで、自分とは異なる他者についてわかりあう体験をしています。そして、そのことを基盤として「排除しない、されない、自分も一緒にいて大丈夫」というインクルーシブな経験を生活のなかでしているのです。

発達支援は、幼稚園・保育所や学校、あるいは地域全体のあり様と密接に関係しています。地域社会には、障害やその他さまざまなニーズをもつ人びとの主体的な生活があります。その主体的な生活に内在するニーズを把捉し、そのことに応答することにこそ支援の糸口があります。地域社会の人びとが、相互の多様性を承認しあい、そのニーズを互酬的に支えあうことによって、ソーシャル・インクルージョン（社会への完全かつ効果的な参加及び包容等、社会的包摂）は、主体的に生成されるものです。

3　支援ニーズの把捉と地域に見あった支援システムづくり

⑴多様な地域の支援ニーズと保護者のネットワーク

地域における支援やシステムは、地域ごとに、風土、歴史、伝統、文化、価値観のちがいがあることをふまえて考えることが大切になります。いくら先進的な取り組みであっても、その取組をそのまま持ち込んでも自分たちの地域の実情に見合わなければ、その支援やシステムでは功をなしません。

道東地域では、過疎、へき地を抱える広域少人口自治体がほとんどです。年間の子どもの出生数も少出生ですから、一般的に考えれば障害をもっている子どもの出現数も少ないことになります。例えば、年間出生児が15〜20人ほどの自治体では、障害をもつ、あるいはその可能性のある子どもの出現数はどんなに多く考えても10人を超えることは稀です。そのような地域では、大都市での発達支援システムはなじみません。

北海道の根室管内は根室市、別海町、中標津町、標津町、羅臼町の一市四町からなります。根室管内の面積は、ほぼ鳥取県と同じですが、人口は鳥取県の約60万人に対して根室管内は約8万人です。日本で最も人口密度の高い東京の豊島区は22、372・5人／km²です。一方道東のA村の人口密度は4・4人／km²、道内には2・0人という自治体もあります（以上、2015年国勢調査速報値）。

このような地域では、専門的な医療機関や機関に通うとなれば、片道120km、車で2時間かかります。療育教室や発達支援センターなどの専門機関がないなかで、北海道では、遠く離れた発達支援センターへ日常的に通うことより、身近な地域で親子が通える母子通園センターの役割が大きいのです。1990年代には、全道のほぼ100％の町村に作られました。週に数回母子で通ってもらい、子どもへの母子療育を行っています。小規模圏に障害をもつ子どもとその親が通える場があることは、障害をもつ子どもを親だけで育てるのではなく、地域での親同士、地域の関係者のつながりをもたらしました（阿部・水口、1996）。

人口10万ほどの本州中都市と北海道道東の人口5千〜2万4千人程度規模の自治体を対象に行った「障害を持つ児童生徒の保護者の乳幼児期の支援ニーズ調査」（小渕・戸田、2013）によると、道東地域では、酪農、漁業といった産業構造は共通していながらも、「子育てにおける悩み」は異なっていると報告しています。また、道東の一町を除き、中都市と道東の三町で共通して「子育てをしている方の苦労と悩み」に「近所や親戚の理解や目」をあげていました。道東地域の一町だけは同様の産業構造でありながら「子育てをしている苦労や悩み」として「近所や親戚の理解や目」が多くあげられなかったのは、次のような要因が考えられます。その町は、小学校の特別支援学級の保護者たちが「保護者同士がつながり一人ぼっちをつくらない、地域で一緒に楽しく子育てをしよう」という思いからつくった保護者のネットワークがあります。特別支援学校は、120キロ離れた他都市にしかありません。そのような地理的制約があるなかで、就学前の障害児を育てている親も就学児の親も一緒に、「サロン」と称して集まっています。育児や家庭、学校や教育、あるいは酪農や漁業などの仕事の悩みも共有しながら、地域で楽しく子育てをしたい、という共通のねがいでつながっています。

(2) 地域における支援システムの再構築

全国で政令市を除けば、圧倒的に多いのが人口7万人未満の自治体です。そして、人口規模が小さいほど、医師や心理士、作業療法士などの専門職の配置がされていないのが実情です（総務省，2008）。では、専門家が配置されていない地域では、どのような支援システムを構築していくことが求められているのでしょうか。

二宮（2011）は、このような小規模、へき地などの地域においては、地域に配置されていない特別な専門家（specialist）に依存するのではなく、発達支援に関わる人びと（保育士、教師、保健師、その他の発達支援に関わる職種）が、その立場の違いによってお互いが対等に知恵を出しあうことで、「新しい資源」を創ることにつながる、と述べています。それらのつながりは、顔の見えないシステムではなく、専門家がいなくても主体的に支援に関わる人びと（地域のさまざまな人びとも含め）の新たなつながりをつくり出し、お互いが対等な関係で知恵を出しあい、その時々でその地域に見あった最良のシステムを構築していくことを可能にします。

このようなシステムは、ある固定したものではなく、常に修正や再構築が可能であり、ニーズに応じて、オプショナルなものにつくり変えていける柔軟さを持ち合わせた支援システムだということができます。そして、このようなシステムこそ専門職の有無などの条件や異動などに左右されるのではなく、支援に関係する人びとがその時々で拡がり、つながり、結びつきを新たにするという意味で、持続可能社会へ向けた支援ということができるのではないでしょうか。

(3) ネットワークから地域における多様なノットワーキングへ

発達支援においては、保護者のライフステージごとに支援に関わる関係者は入れ替り、その都度臨機応変に柔軟に必要に応じた関係者と結び目（ノットワーキング：Knotworking）を作っていくことが求められます（田中、2011）。ノットワーキング（山住・エンゲストローム、2008）とは、人やリソース、そのつながりを変化させながら、できるだけ活動に流動性や自発性・適応性を持たせ、結び合わせ、あるいはそれをほどき、ふたたび結び合わせるなどしながら、人と人との新たなつながりを創発していく結び目づくりを意味しています。取り組む課題によって、人の構成や行動様式も変化します。固定されたメンバーのチームや行為者間の構造がある程度決まっているネットワークとは異なります。そのように考えると、システムとは常にその地域のなかで変化・発展していくものだといえます。

支援のあり方は、常にオプショナルでしかありえません。以前、相談に来られていたお母さんは、相談で聞いた助言やアドバイスどおりに子どもに関わってもうまくいかないことを、自分の関わり方の問題だと繰り返し相談の場で話されていました。個別相談だけでは、他のお母さん方がどのように関わっているのかは知り得ません。

そのことからお母さんたちの集まりが生まれました。一人では、他のお母さんたちはどんなふうに子育てをしているのか、先輩お母さんたちはどのようにして子育てをされてきたのか、地域の人びとは障害をもっている子どもをどのように見ているのか、といったことを知ることは難しいのです。援助者にはどのような支援システムや支援内容、方法があるか、常にそれらを広い視野で捉え、必要に応じてノットワークを紡ぎ出すことが求められます。しかし、それは一援助者だけでは実現できません。援助において大切なことは、その思いやねがいを周囲の人びとへ拡げ、共有し、協働してその地域のシステムを拡張していくことです。

4　地域におけるソーシャル・インクルージョンをめざして

(1)地域における支援を考える

障害者権利条約の「一般原則」には、ソーシャル・インクルージョンが規定されています。そもそも、地域を形成している一人ひとりの存在は多様であり、そのかけがえのないその存在が誰一人として排除されない社会が、ソーシャル・インクルージョンです。私たちの社会は、一人ひとりが主体者として、障害やさまざまな困難による多様なニーズをもつ人びとも、そうでない人びとも共に生活することによって豊かな存在としてあるのではないでしょうか。一人ひとりの存在そのものは、かわることのできない唯一無二の存在です。

ソーシャル・インクルージョンの実現とは、地域において差別や排除されることのない「安心して生活できる社会」をつくるということです。そのためには、地域の特性やその生活に即した支援システムの構築が求められます。道東のC村は、人口はこの20年間３４００人程で、村にある保育所は１か所です。この保育所には、同一建物内に学童保育所があります。保育所で育ちあってきた子どもたちは、就学後は障害のある子もない子も放課後は学童保育で過ごしています。保育所時代とはちがい、学校生活と放課後生活を過ごす仲間は違います。保育所の園長は、この地域の子どもの育ちを見守り、保護者と共に地域で子どもを育てていくことの重要性を次のように話されました。

保育士たちは、就学後、学童保育に来る子どもの育ちを目にすることができるため、それまで知らなかった子どもの姿も目にします。支援とは、この地域で、子どもの育ちを就学までという期限をこえて、子どもの経年的な育ちを見守るということです。私たちは、長い時間的なスパンで、ゆるやかに子どもとその家族を見守り、保護者へ〝必要な時、いつでも一緒に考えようね〟という気持ちで支援したいと思っているのです。子どもたちは、学童保育でのさまざまな活動を通して、障害のある子どもたちとの関わり方を学んでいます。一緒に生活をすることをとおして、どういうことを嫌がって、どういうことが好きなのか、どう関わるといいのか、そういうことを日々の生活のなかで体験的に学んで理解できるのです。

障害のない子どもたちが、障害のある子どもとの関わり方や理解をすすめるには、学校教育だけではなく、地域の学童保育の役割が改めて注目されます。それぞれの地域の実情や社会資源は、地域ごとに異なります。都市部と地方では社会資源も専門機関等の設置状況も異なります。さまざまな発達支援機関や支援内容があり、ある程度選択することができる東京などの大都市圏と、圧倒的に専門機関が少なく、あったとしてもそこまで行く負担（距離や時間など）も大きい地方（北海道の道東地域など）では、そのシステムや支援内容は異なります。

これらのことをブロンフェンブレンナー（1979）の生態学的システム論に倣い、自然環境を下部構造に位置づけ、それぞれのシステムが常につながり、下部構造と接地した円環を描きました（図1）。ブロンフェンブレンナーのモデルは、マイクロシステム、メゾシステム、エクソシステム、マクロシステム（図注）の四つのシステムが同心円の入れ子状態です。しかし、これらは直接的に影響しあうこともあり、さらにこれらのシステムは、その地域の自然環境との相互作用によって成り立っています。それぞれのシステムは、常につながりと連続をもっており、生活している自然環境との相互作用によって、さまざまな価値や文化を形成します。つまり、その地域で生活するということは、その地域で入手可能な食物を食し、自然環境に対峙しながら日々生活するということです。その地域の暮らしや人びととの生活のありようが、重層的に生活習慣や考え方、価値観を形成していくのです。

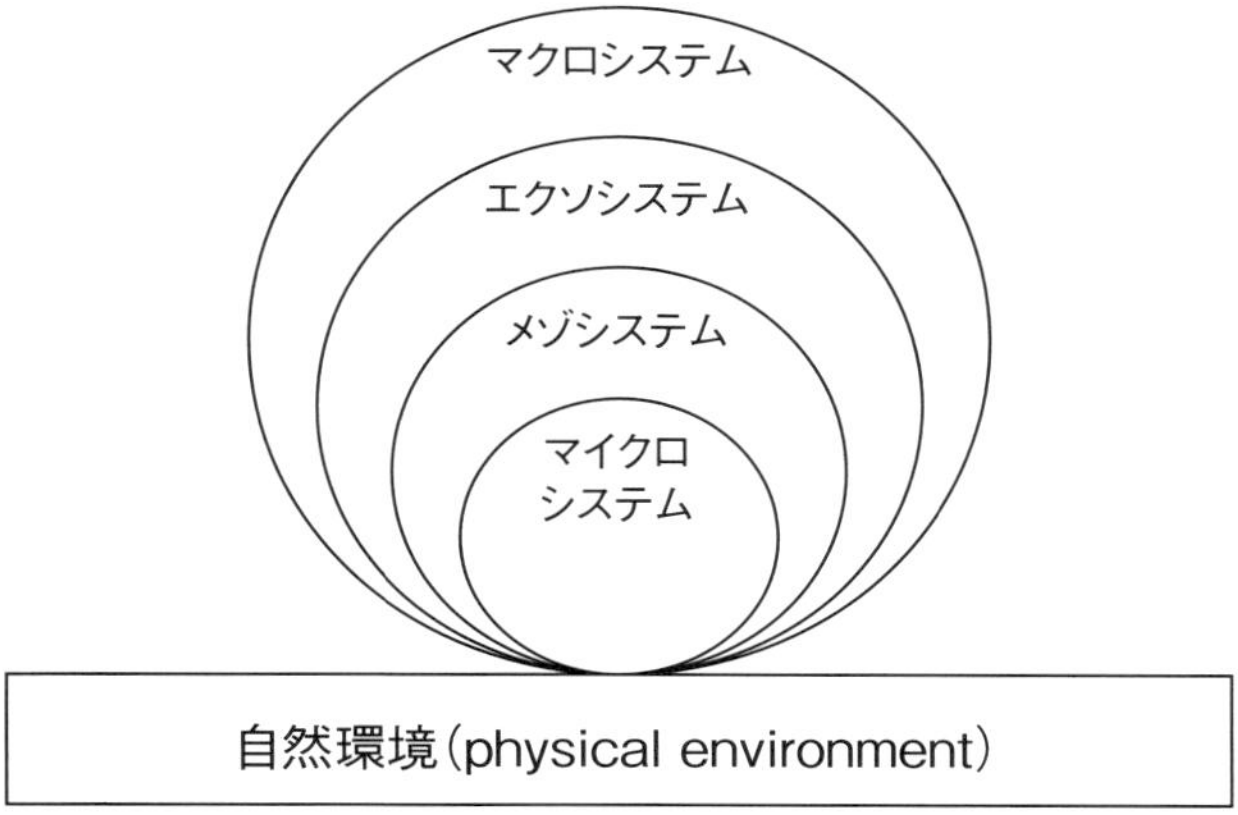

図1　自然環境を下部構造とした発達の生態学的システム

（注）
・マイクロシステム：子どもを直接取り巻いている環境（家族、学校、幼稚園、遊び友達など）。
・メゾシステム：マイクロシステム間の相互関係、家庭だけではなく、学校や仲間の相互作用で展開される。
・エクソシステム：子どもが直接含まれているわけではないが、彼らと直接関係しているマイクロシステムやメゾシステムに影響を与えている二次的な環境要因。地域が提供している福祉サービス、養育者の仲間関係、養育者の職場など。
・マクロシステム：ある状況における限局された特定のシステムではなく、その個人が含まれている文化に固有な子ども観や育児観のような価値の枠組みや習慣、信念体系、思想など。

　つまり、発達支援は、地域ごとの風土、歴史、伝統、文化や思想などのマクロシステムの中にそれぞれのシステムが包含されていると考えることができます。大きいシステムから徐々に内のシステムで支援を考えていくことは、地域から家庭、子どもへという方向性といえるかもしれません。しかし、これまでの発達支援の取り組みはどちらかというと、まず個への支援からはじまり、そしてその個をとりまくマイクロシステムからメゾシステムくらいまでが環境として考えられていたのではないでしょうか。しかし、考えてみれば、一番大きなマクロシステムが変革されなければ、ソーシャル・インクルージョンの実現は不可能です。反対にエクソシステムやマクロシステムが変革され、ソーシャル・インクルージョンが実現するならば、発達障害は直接的な生活の障害として現れない可能性も示唆されます。

(2) 支援は相互の関係の育ちあい

地域の特徴に応じた支援とは、単に地域の特性をふまえて支援を行うということにとどまりません。地域の特徴を知り、地域の中で主体的にシステムを構築する担い手になり、さらには、その地域のマイクロシステムからマクロシステムをも変革していくということです。

発達を支援するとは、単に子どもや保護者といった個への支援だけをさしているのではありません。その個をとりまく集団や他の集団などによって構成される地域や社会も含めた環境との関係で支援を考えるためには、多くの「専門性」が必要です。そして、一人ひとりが特別な専門家に依存するのではなく、その地域の「特別ではない専門性」を主体的に発揮するならば、新しいノットワーキングが生まれます。このことがとりもなおさず、地域づくりなのではないでしょうか。地域づくりとつながるノットワーキングは、支援する側も新しい多くの人びとによって、「支え―支えられる」関係を生み出します。このような関係性の発達は、新たな関係を構築するだけでなく、お互いの立場や考えのちがいを超えた相互に承認しあう関係を生み出していくという意味で、持続可能な支援ということができるでしょう。

引用・参考文献

阿部哲美・水口克幸　1996「北海道における障害児の保育・療育」障害者問題研究　24(3)　214-228

ブロンフェンブレンナー　1979　磯貝芳郎・福富譲（訳）1996　『人間発達の生態学―発達心理学への挑戦』川島書店

茂木俊彦　2012　『子どもに学んで語りあう』全障研出版部

二宮信一　2011「社会資源の少ない地域における特別支援教育推進の課題と展望(3)」平成20年度～平成22年度科学研究費補助金基盤研究(C)課題番号20530871、研究成果報告書「へきち・小規模校における特別支援教育体制の構築に関する研究」88-123

小渕隆司　2014「発達心理学からみた自然体験、野生動物との共存～生物多様性の承認、自然との共存からインクルージョンを考える」大森亨編著『野生動物保全教育実践の展望』創風社　253-274

小渕隆司・戸田竜也　2014「特別な支援を要する児童生徒の乳幼児期の支援ニーズに関する調査研究―本州1市、道東4町の比較調査研究（第1報）」へき地教育研究　68　79-93

総務省　2008「資料1　各種データにみた市町村の現況について」第29次地方制度調査会第19回専門小委員会（http://www.soumu.go.jp/main_sosiki/singi/chihou_seido/singi/pdf/No29_senmon_19_si1.pdf　２０１６年5月1日確認）

田中康雄　2011『発達支援のむこうとこちら』日本評論社

山住勝広・エンゲストローム　2008『ノットワーキング―結び合う人間活動の創造へ』新曜社

（小渕　隆司）

4　保護者からみた支援：わが子のあゆみを通して

「6年1組、最高！」と小学校最後の学校生活を楽しみ、中学生になった娘は、発達支援のための教室「ぱるランド」（大津市の単独事業である発達支援療育事業。第4章参照）の卒所児です。

娘にとって、学校が安心して通える居心地のよい場所になるには、長い時間がかかりました。その間、私が一人で悩むのではなく、子どもの成長を見守る親の悩みを共感し合える仲間がいたこと、我が子の発達や行動の不安を相談できる園や学校の先生・専門家と関係が持てたこと、そして気軽につどえる場があったことが、娘の子育てをしていく上で本当に良かったと、今あらためて実感しています。

1　発達支援の教室から幼稚園へ

発達支援の教室に入る前の娘は、人見知り・場所見知りが強く、幼稚園に入園するのがとても心配でした。3歳6か月児健診でそうした子どもを支援してくれる場が10月から新しくできると教えてもらい、そこに入りたいとすぐに希望しました。

「ぱるランド」入所当初は教室の玄関付近で固まっていたり、給食の時間もみんなと一緒のテーブルにはつけず押入れに隠れたりして、そこにおにぎりを運んでもらって食べるという様子でした。家から外に出るのも一苦労で、お気に入りのおもちゃをいっぱい持っていかないと出かけられず、ごみ袋サイズのナイロン袋がパンパンになるほど持っていくこともありました。それを持って電車に乗って教室に通うのは、親としては恥ずかしかったのですが、その頃は「何とか教室に通えば娘が変わる」と信じていたので、荷物を減らそうと娘を説得するより、教室へ連れていくことを優先していました。教室に慣れると、少しずつ荷物も減ってきました。それでも、その頃から好きだった「ポケモン大百科」の本は、最後まで大事に抱えて通っていました。

そんな娘も、9人という小さな集団で、保育士の先生・発達相談の先生にじっくり関わっていただき、少しずつ荷物やポケモンの本を置いて活動に参加し、みんなの話の中に入っていくようになっていきました。幼稚園入園前の6か月という短い期間でしたが、集団に入る練習ができ、とても中身の濃い充実した時間でした。本人だけでなく、親同士も交流するなかで悩みを共有したり、幼稚園・保育園入園に向けての不安な気持ちを励まし合ったり、子どもの成長・発達について学んだりできる、親にとっても有意義な時間でした。

そして、娘は地域の幼稚園へと入園も決めていたので、私は教室の仲間だけではなく、地域の仲間とのつながりも親子にとって必要と考え、週2日の教室以外の日はできるだけ地域の子育て支援事業にも参加しました。そこでの活動は娘がなかなか参加できず見ているだけでしたが、幼稚園に行く時にはきっと何かに役に立つと思い連れて行きました。地域の仲間がいるほうが、幼稚園に入ったときに心強いと思ったからです。

教室から幼稚園へは、保育と発達の引き継ぎ書をつくっていただき、例えば「慣れるまではお気に入りのものを持って登園すると安心するので、それを受け入れてほしい」など、娘の特性と対応を伝えていただきました。

なので、4歳児では行き渋りがありましたが、5歳児では幼稚園生活をイキイキと楽しむ姿が見られました。

2 小学校入学後

この調子で小学校も楽しく通ってくれるものと思っていましたが、幼稚園と小学校の違いは娘にとっては大きかったようです。入学当初はがんばって通っていましたが、一学期末から行き渋りが始まりました。幼稚園は居心地のいい場所で好きな遊びをして過ごせますが、小学校に入った途端、自分の席に座っていなくてはいけません。幼稚園のように毎日の日課の繰り返しではなく、学校では毎日新しい勉強が進んでいくことに、見通しが持てず不安で苦痛だったのでしょう。

毎朝、起きた瞬間から「お腹いたい」「行かない」と言い出し、遅刻する日がほとんどでした。担任の先生に、特別に、学校に行けた日はシールを貼ってもらえるがんばりカードを作っていただき、なんとか通う日々でした。学校では一日に何回も授業中先生に「お腹痛い」と言いに行って自分のほうを向いてもらい、声をかけてもらったら安心して席につく、という行動が続きました。先生の話では、集中している時は来ないが集中が途切れたり自分のすることがなくなったりした時に前に来ていたそうです。その頃はお友だちを支えにすることは難しく、とにかく先生だけが頼りだったので、親としては、何とか先生との関係が良くなり「先生大好き」になることが、娘の教室での安心感につながると考え関わりました。例えば給食を残さず食べたことを先生も喜んでくださったことや、がんばりカードのシールを貼る時に先生が「よっしゃ！」と言ってくださったことなど、小さなことでも娘が話してくれたときは、「すごいやん。良かったなあ。うれしかったなあ」と大げさに返し、逆に悲しい思いをしたときは、「きっと先生忙しかったんやわ。あしたもう一回話してみたら」とフォローしました。

目玉がやってくる……

ところが、2学期中頃から音楽のピアニカの授業では「色がぐるぐる回る」、道徳の授業では、登場人物の気持ちを考えようと思うと「その人の目玉がいっぱいやってくる」と言ったりして、学校での不思議な話、あり得ない話を家で話すようになりました。

「目玉がやってくるのは道徳の時間だけやねん。人の気持ちを考えようとすると、その人の目玉がやってくる。こわくって『あっちいけ、あっちいけ』って思ったら消えるねん……こわいから黒板に集中するねん。見えへんように」という話。また、自分は休み時間はしんどいので静かに過ごしていたいのに、お友だちが自分の席の前にずらりと並んで『酔うで』『酔うで』と言いにきはる。『大丈夫』と言うとまた列の後ろに並んで、休み時間の間中『酔うで』と言われる」。先生にその事を話してみたらと言うと、「そんなん言ったら先生も並ばはるからあかん」という話。さらに、何がきっかけだったのか、「死にたくないから学校に行かない。学校に行ったら大人になって、そしてお年寄りになるから行きたくない」と夜中に大泣きすることが何日か続きました。

色がぐるぐる回る……

ピアニカの音は一人で吹いている時は大丈夫だけど、「みんなで一緒に吹くと虹色がぐるぐる回る。目も見えにくくなるし立ったらこけるし、座ってんねん」と話しました。ピアニカの時だけでも耳栓を使うと娘が言うので買ってみたものの、「水が耳に入ったようで気持ち悪いからムリ」と言うのですぐにやめました。

他にも、「学校では、友だちのどなり声、さけび声、大きな声がいやで、耳がつぶれて聞こえなくなるねん……頭がヘンになってボーっとしてくる」と言っていました。しかし先生の大きな声は大丈夫で、「先生がしゃべらはる時みんなの声がすると、みんなの声が耳に詰まって先生の声が聞こえにくくなるねん」と言い、「みんなの耳がことばでいっぱい詰まったら困らはるから、私は小さい声でしゃべるねん」とも言っていました。

自分のやり方と心の支え

「みんなは新しいことをゲームとか体育とか、知らんことでも自分を信じてがんばったらできるけど、私はそれができない。誰かがやってはるのを見て、覚えて、それを頭の中で思い出して、頭にうつしながらでないとできへんねん」と言っていました。そう言っていたかと思えば、よく自分のことをボクと言い「ボクの胸からリボンが出ていて、お友だちの胸とリボンでつながれている。男の子とはつながらないけど先生とはつながっている」とも言っていました。また、タオルについているアップリケの「ひよこ」を人形のようにかわいがり、学校へ連れて行ってはボソボソ話しかけたり、タオルやハンカチでふとんをつくって寝かせたり、抱っこして帰ってきていました。授業中はお道具箱で寝かせていたようです。

友だちとうまく関係が持てず、学校の秋祭りのイベントも「何ボーっとしてんの。さっさと動いて」「早くお客さん呼んできて」と言われただけで、その言葉が忘れられなくなり、いっぱい楽しいこともあったのに全て不幸な記憶になってしまうということもありました。「スカートをめくられる」「自分だけテストに落書きされる」、そんなことも言いだしたので、学校での様子を知りたいのと家での不思議な話も伝えたくて放課後担任の先生に会いに行きました。

我が子の感じ方やつもりを理解する

担任の先生に様子を伺っても、学校では保健室に行くほど気分が悪いわけではなく、「ボーっとしている」様子しかわからないとのことでした。親としては「どうしてこんなおかしなことを言うのか」と心配になり、「ぱるランド」でお世話になっていた発達相談の先生に相談しました。

すると、「環境の変化によって、もともと持っていた過敏さが出ている」ことがわかり、納得しました。子どもが熱を出した時に何による熱なのかわかるまで心配なのと同じで、原因がわかると見通しが持てます。また、一つの出来事で全ての記憶が「不幸がいっぱい」になってしまうことについては、親である私がもう一度、娘の話を聞き、いやな思いを受け止め、娘が言えなかった思いをことばにすると、ドキドキしていた気持ちが落ち着いていく。そして、娘とゆっくりやりとりして、困った思い出だけでなく、楽しかったことも記憶の引き出しに入れてあげると、「不幸がいっぱい」の記憶ではなく楽しい思い出も残るとアドバイスをいただき、娘にしてやれることを知り、心が軽くなりました。

1日に何回も「おなかが痛い」と言いに行く行動は、「安心するための儀式と捉えよう。自分の困っていることをことばで伝えられるようになったらその儀式から卒業するが、その時は本人が自分で決める」「その間本人が困っている状態は続くので、先生に伝えて安心して過ごせるように対応してもらおう」と教えていただきました。それまでは「いつまで続くのか?」と見通しが持てず、担任の先生にも迷惑をかけていることが気になっていましたが、自分の困り事をことばで伝えられるようになるまで、そして〝自分で決める〟までやめないとわかると、あきらめもつき、見守ることができました。

なわとびをきっかけに困り事を先生に伝えるようになる

3学期になるとなわとびがはじまり、休み時間も先生と一緒になわとびや大なわをして遊ぶようになり、「学校はイヤやけど先生には会いたいし、行くわ」と言って先生との関係を支えに学校に行くようになりました。大なわに入れるようになったことを先生が喜んでくださるなど、なわとび遊びを通して先生との距離がぐっと縮まり、2月後半になりようやく日記という形で自分の困っていることを先生に伝えられるようになりました。「先生が悲しまはるから……」と自分の困っていることを先生に言うのは難しかったのですが、作文や手紙、日記という形なら先生に伝えることができました。自分に合う形で先生に伝え、自分のことをわかってもらったとの思いが教室という空間での安心感につながっていったのだと思います（下、作文参照）。

1年生を改めて振り返ると、幼稚園はインフルエンザの時くらいしか休まなかったのに、1学期1回、2学期2回、高熱や水疱、年末にも熱を出し、体力的にも一杯いっぱいだったのだと思います。

もう一つのこまることは、音がくのじかんにピアニカをおおぜいでひく大きい音であたまがしんどくなります。どくにさらわれるようなしんどさになります。うたをおおぜいうたうときもしんどくなります。がんばってがまんしてます　でもピアニカをふくのはすきです。おどるのもすきです、みんながしゃべって、ことばがいっぱい耳につまってあたまがしんどくなります。

すうじがいっぱいのとけいのプリントや、けいさんがいっぱいのプリントをやるとあたまがしんどくなります。

でも、学校はたのしいからとてもすきです。先生はとてもすきです。

こまることを、かいてくれて、ありがとう。○○さんのきもちがわかったよ。また、いろいろおしえてね。

3　2年生『星な学校』で魔法の勉強

2年生になると、クラスと担任が替わり、一から関係をつくらないといけませんでした。

2年生になって、細かく「1国語（漢字）」「2算数（たし算）」「3道徳（がんこちゃん）」と、連絡帳に授業の中身まで書いてくるようになり、明日の見通しが持ちやすくなりました。道徳は「がんこちゃん」のTVを見るので目玉はやってこなくなるし、音楽も「セーノ」でピアニカを吹くので、だいぶ楽になったようです。

最初はがんばっていましたが、5月頃から登校時間になるとおなかが痛くなってきて、遅れて行ったり2時間目から行ったりするようになりました。娘は「アリがいっぱい。行列はいややねん」と言い、「みんながゾロゾロ登校していく中に入りたくない。遅れて誰もいないところなら歩いていける」と言っていました。

この頃娘は「私は『星な学校』に通い、魔法の勉強をしている」という話をするようになりました。傘を振り回して夜空に浮かぶ月に向かって呪文をとなえるとお願いが叶うと信じており、私に何かお願いがないかと聞いた日がありました。「二重とび3回とびたい」と言った私の願いを受けて一心に傘を振り回した娘。たまたま3回とべたのを自分が傘を振り回して呪文をとなえたから願いが叶ったと思った娘は、その日から『星な学校』に行き始めました。「母ちゃんが寝たら、わたし『星な学校』に行って魔法と術の勉強してんねん」「夜その学校に行ってて忙しいから今の小学校は行けへん」と言うようになりました。10年生まである『星な学校』では自分は6年生で生徒会長だそうです。

2学期末くらいから先生と何でも話せる関係になり、「(本当の小学校の)3年生になったら『星な学校』で先生になって子どもに教えるねん。そやけど、違う先生が来たし『もう来なくていい』と言われてん」と言って、魔法の『星な学校』を卒業しました。

4　3年生から6年生まで

3年生では、また担任の先生が替わりました。最初は、「友だちの声が耳に詰まって先生が口パクになって、何をしゃべってるかわからへん」と言っていました。「どうしてるの?」と聞くと、「友だちに聞いてるから大丈夫!」と言うので、様子を見ているとそのうち言わなくなりました。同じ学年150人の名前と顔をおぼえ、3年生より上の学年も大体わかってきて、昼休みにグランドに出るのもこわくなくなりました。学校へはぐずぐず言いながらも少しずつ行きやすくなりました。自分でも「苦手な音はあるけれど、それがずっと続くわけではないので大丈夫」と思えるようになったようです。

4年生。担任の先生が3年生と同じだったので大喜び。先生との関係づくりができた状態でスタートしたのでとても楽だったようです。この頃は女の子と遊ぶのは近所の子と時々遊ぶ程度で、どちらかといえば男の子との方が気楽に遊べる様子でした。

5年生。担任の先生は替わりましたが、2学期後半から先生にも慣れてきました。仲の良い女の子の友だちもでき、水曜日の放課後は学校で女の子も男の子も一緒に遊ぶようになりました。今まで学校から帰ってきてまた学校に行くことはなかったので大きな変化でした。先生が「チャンスマンをつかもう!」とうまく誘ってくださったことで、班長などの係を自分から積極的にするようになりました。そこで認められたことが自信となり、どんどんと活動的になっていきました。

6年生。5年生と同じ担任の先生だったので、4年生のときのように一から関係をつくらなくていい状態でスタートしました。クラスに慣れるまでは少し時間がかかりましたが、1、2年のように困ったことはほとんどありません。記憶力は良いので学習面で困ることはないのですが、図工など自分で一から考えてつくり出す作業はなかなか決められず、家でいくつかのアイデアを一緒に考えるなどして何とかやっていました。

6年生ではさらに、運動会の応援サブリーダーをしたり修学旅行の実行委員をしたりと積極的になり、友だちからも「変わったなあ。明るくなった」と言われました。何より親としてうれしいのが、朝自分でセットした目覚まし時計で起きて着替えて朝食をゆっくりと食べ、7時30分には出発して校舎の玄関が開く前から学校で遊んでいることです。〝行く気〟がない娘を送り出すのは本当にパワーがいりましたが、今では私が娘から「早くして！」とせかされるほどになりました。

ありのままでいられる学校以外の居場所

学校以外の居場所があったのも、娘の成長にとって大きなことでした。

学校に行きにくく知らない人のいるところには行きたくない娘ですが、唯一小さい頃から入っていたおやこ劇場の活動だけは姉たちと一緒に参加できました。人形劇や音楽などの舞台観賞が活動の中心ですが、仲間と観る舞台は安心して楽しめ、キャンプや畑作業、クッキングなど学校以外のさまざまな体験をすることができました。大きいお姉さんの姿に憧れたり、小さな子に慕われたり、高学年になり頼りにされることも多くなりました。おやこ劇場には学区を越えた友だちもいて、娘の存在も認められ、ありのままの自分でいられる場所となりました。自分の発言を否定されることもなく、少しずつ自信をつけてきています。

5 発達相談は学校に上がっても

発達相談を何回か受けてみて保護者としてはとても救われました。時間をかけて新しい環境に馴染んでいく我が子のことを、いつも見ている親という視点でもなく、先生という視点でもなく、発達という側面から客観的に丁寧に、娘が今どういう状態で何に困っているのか、だからどういう援助が必要なのか、親としてできることは何か、親の気持ちに寄り添い、今の状況が少しでもいい方向に向くにはどうしたらいいか、一緒に考えてくださいます。娘のように学校で静かに困っている様子は理解してもらいにくいので、先生と一緒に考える関係はなかなかつくれません。学校のスクールカウンセラーによる教育相談では医療機関を紹介されましたが、親としては診断をしてほしいのではなく、直接娘の様子を見ていただき、相談を受けられるところを求めていました。

そんな折、2015年2月に大津市に新しく中学生までの子どもの発達相談センターができたと聞きました(4章参照)。学齢期の子どもも発達相談が受けられ、学校の先生・保護者・発達相談の先生と三者でしっかりと話し合いができ、それを就園前→保育園・幼稚園→小学校→中学校へと引き継いでもらい、その資料をもって高校へとなればうれしい限りです。

娘のあゆみを改めて振り返ると、小学校では6年間かけて行きつ戻りつしながら、学校で自分の力を発揮できるようになりました。娘の成長を応援してくださった学校の先生、幼稚園の先生、発達支援の教室の先生、発達相談の先生、そして一緒に歩んできた仲間がいたからこそ、そのあゆみをじっくり見守れたと感謝しています。

中学生になった娘は吹奏楽部に入り中学校生活を満喫しています。高校は、小・中学校とは違い顔見知りばかりではないので不安もあるようですが、自分の将来に夢をふくらませている娘が、自分らしく輝けるよう見守っていきたいです。それには学校の先生と連携することはもちろん、仲間とのつながりや必要なときに相談できる発達相談の先生とのつながりが大切だと、あらためて実感しています。

(島山　裕子)

第４章

発達支援と子育て支援——大津市のとりくみから

大津市の発達支援について

発達支援を必要とする子どもとその保護者にとって、自分たちを支援してくれるシステムが居住する地域にあるかどうかは、親子が安心して暮らせるかどうかに関わることであり、療育や保育、教育関係者にとっては支援をどこからスタートできるかに関わる重要な問題です。

筆者が発達相談員として勤務する大津市は、障害の有無にかかわらず、すべての子どもが発達する権利を持ち、社会にはそれを実現していく責務があるという発達保障の理念に基づいて、乳幼児健診体制および障害乳幼児対策を１９７３年から７５年にかけて整備しました。いわゆる「大津方式」(詳細は後述)と言われるシステムです。１９５１年、栄養や体格の判定や指導を主眼としていた当時の乳幼児健診に、全国に先駆けて発達の視点を導入し、その後、国の法制化以前に障害児保育や親子教室を開始するなどした大津市の動きは全国の自治体に影響を及ぼし、障害の早期発見・早期対応のシステムがそれぞれの地域の条件や社会資源に応じて次々と生まれていくことにつながりました。そして現在は、何らかの支援が必要な乳幼児を３％から10％注1に拡げる形で発展させています。

本稿では、大津市が障害の早期発見・早期対応のシステムを整備してきた経過と、１９８０年代以降の新たな展開について報告します注2。

1　1970年代に策定された乳幼児健診体制・障害乳幼児対策

就学を猶予・免除された障害学齢児への取り組みから生み出された発達保障論

1950年代、滋賀県大津市には、『この子らを世の光に』（糸賀、1965）で知られる糸賀一雄が創設した児童福祉施設・近江学園があり、大津市が乳幼児健診に発達の視点を導入し、障害乳幼児対策などのシステムを構築していく際に大きな影響を与えました。児童福祉法が制定された1948年から1979年の養護学校義務制が施行されるまで、学園には知能検査による機械的な判定で就学猶予・免除になって学校に行けない児童が多く入所し生活していました。

そうした障害学齢児への取り組みを通じて、近江学園や学園から発展し重症心身障害児施設として開設されたびわこ学園では、どんなに障害が重くても発達する可能性があり権利がある、その可能性を最大限引き出し幸せに生きる権利を社会的に保障することこそ必要であるという発達保障論を、糸賀一雄を中心に生み出しました。

子どもの発達をどうとらえるか

発達には一定の法則性があり、それは障害がない子どもにも共通する。「発達診断」によってその道すじがわかればどんなに重い障害を持っていても育児や保育・教育に見通しが持てるのではないか。そして障害が固定化され生活面での制約が大きくなる前にそのきざしを発見して早期に対応すれば、発達の自由度が広がりどの子どもの発達も保障されるのではないか。もともと乳幼児健診には京都大学文学部の発達研究者の協力により発達的視点が取り入れられていましたが、そこにこうした発達保障の理念を結合させて、１９７３年から１９７５年にかけて乳幼児健診とその後の早期療育、障害児保育の対応のシステムを整備していきました。その際、近江学園・びわこ学園だけでなく、京都大学文学部・教育学部の発達研究者や滋賀大学の学生ボランティア、大津市医師会・歯科医師会による協力、そして、何よりも障害児親の会による療育教室設置を求める請願活動など市民の動きが市の保健・福祉行政を方向付け、市民の願いを受けとめる市政、行政の職員がいたからこそつくられたと言えます（詳しくは田中杉恵、1990）。

乳幼児健診を子育て支援・障害乳幼児対策の入口に

１９７３年には保育園における障害児保育の開始、「乳幼児健診・大津・１９７４年方式」「障害乳幼児対策・大津・１９７５年方式」と、１９７３年～１９７５年にかけて、①乳幼児健診における障害の早期発見・早期対応、②療育教室における早期療育・保護者支援活動、③保育園・幼稚園での障害児保育・教育、という三つの柱を基本にしたシステムをつくっていきました。このシステムに基づき、障害がある、もしくは障害に発展する可能性のある乳幼児が、早期発見・早期対応・早期療育を経て障害児保育を受け就学するといういわゆる「大津方式」の道すじが整備されました。大津市では、療育や障害児保育を受けるにあたって、当初から障害の診断を前提とせず、今の発達支援の必要性に応じて利用できるのが特徴でした。１９８０年代には療育に通えない重症心身障害児への訪問療育を開始、１９９０年代には医療的ケアを必要とする入院中の重症心身障害児へのベッドサイド療育を開始しました。さらに、２０００年にはそれまで週3日だった療育教室の登園から毎日登園を実現し、障害がある乳幼児への施策を充実させていきました。

一方、「大津方式」といえば障害の早期発見・早期対応というように障害乳幼児対策のみが注目されますが、システムの整備当初から、一般の子育てに発達的見方を活かし、育児に見通しが持てるよう支援していくことが乳幼児健診のもう一つの大きな目的でした（田中昌人他、1980）。乳幼児健診を社会的子育ての窓口として位置付け、乳幼児健診およびその後の相談活動で把握された問題を地方自治体の課題として施策化していき、一般の子育て支援施策も充実させていきました。

2　発達支援対象のひろがり

システム発展の契機

そうした取り組みを進めるなか、以下の三つの時期に、支援する対象を拡大する必要性が把握されました。

一つ目は１９８０年代で、田中昌人・田中杉恵夫妻が中心となって、大津方式１・２年目に乳幼児健診を受けその後障害乳幼児対策を利用して育った子どもたちが、学齢期になってどのように過ごしているかを予後調査した時です。調査の結果、発達的にはキャッチアップして通常学級に在籍している児の多くが予後良好だったなか、一部の子どもに不登校などの問題が生じ、しかも福祉制度が利用できず相談先もない状況を把握しました。

二つ目は、同じく１９８０年代、１歳６か月児健診（大津市は当時２歳で実施）後の事後フォロー型の親子教室が開始された頃です。最初にできたのは、地域の子育て教室です。乳幼児健診やその後の地域活動で把握した育児不安に対応し、低下した地域の子育て力を補完するため親子で楽しく遊び、親同士をつなぐ場をつくりたいと地域担当保健師が提起し、小学校区を単位とした地域の子育て教室が開始されました。保健師が主軸となり発達相談員も協力する形で地域の子育て教室を運営しているうちに、親子や子ども同士が遊ぶ環境を用意するだけでは発達上の課題が解決しない、障害乳幼児療育や障害児保育の対象ではないが何らかの発達支援が必要である子どもたちがいることを認識するようになります。こうした保育園・幼稚園入園前の２・３歳の在宅幼児を対象にした月１回の親子教室を１９８６年に新たに開始しました。

しかし、その月１回の親子教室を利用して小学校の通常学級に進んだ子どもたちの一部が、小学校３、４年で就学相談を受けている実態を１９９０年代に把握します。発達検査上は遅れがないものの、学校での集団生活や学習面では困っている状態で、このような子どもへの早期対応という点では月１回の親子教室では不十分であると認識されました。しかし、この時点では財政的な理由から本格的な療育事業への発展には至りませんでした注3。

三つ目は、保健所法から地域保健法への「改正」に伴い、母子保健法が「改正」された１９９７年です。３歳児健診とその後のフォローが県から移管され、市が直接実施することになり、保育園・幼稚園在籍児のその後の相談を、乳幼児健診スタッフが集団保育の現場へ出向いて実施するようになったのが契機です。実際に集団生活の中で子どもが抱える困難や苦労の大きさ、その子を育てる保護者の悩みの深さを目の当たりにしたことで、集団に入る前の早期の対応の必要性がより深く認識され、知的遅れは顕著でないが何らかの発達支援を必要とする子ども（以下、要発達支援児）にも療育を保障していこうという市の動きが本格化しました。

要発達支援児の療育教室を開始するまで

その当時、２０００年前後の大津市では、知的遅れがある発達障害児は障害乳幼児療育や障害児保育で対応することになっていましたが、知的遅れが顕著でない場合でも発達障害があり生活上の困難が大きければ、障害乳幼児対策の枠組みによって対応していこうということになりました。そのため、障害児療育および障害児保育の受け皿を拡大することが課題となりました。それに加えて、発達障害に発展するかどうかわからないが今支援が必要な要発達支援児に対する療育・保育保障をどうするかということ、この二つが市として解決すべき急務の課題となりました。この問題を乳幼児健診スタッフが提起し、それを受け止めた障害福祉課が主軸となって、保育園担当課、学校教育課なども加わり関係各課によるプロジェクトチームを結成して、２００２年より検討を重ねました。

２０００年頃の乳幼児健診における発達スクリーニングでは、知的遅れが顕著でない発達障害児・要発達支援児は全国的にも把握しにくい状況で、こうした実態から厚生労働省より5歳児健診が推奨された経緯がありました。しかし、大津市では、満5歳の時点では注意牽引行動や登園しぶりなどの二次的問題が生じている状況を、すでに保育園・幼稚園が把握していたことから、5歳児健診を導入せず、3歳児健診までの乳幼児健診において発達上の課題を早期に把握し、それを受けて早期対応することをめざしました。

大津市は、当時公立幼稚園の入園年齢が満4歳であったことから、早期療育の対象を2、3歳児とすることは関係者間で合意されました。しかし、どのような事業として実施するか、すなわち財源が確保できる障害児療育の受け皿を拡大するのか、それとも市の単独事業として財政出動してまで保護者の利用しやすさをとるのかに関しては激論となりました。長い検討の末、必要な親子に必要な支援を届けることが最も優先されるべきとの結論に至り、新たな事業として市の独自予算で実施することになりました。

新たな試みを始める際に保健・福祉・教育の関係各課で合意した留意事項が三つあります。一つ目は、一組でも多くの親子に新たな発達支援の療育を受けてもらえるよう保護者の心理的ハードルは下げるが、利用はしやすくても支援の質は落とさず、障害児療育と同等の小集団の保育を提供すること。二つ目は、要発達支援児のための新たな療育教室を子育て支援施策に位置付けることによって、一般の子育てや地域の子育て力の向上にもつながる仕組みになるようにしようということ。これは、発達保障の原点に立ち戻り、要発達支援児の特別なケアへのニーズをふまえつつも、それを子育て支援施策重点化の国の流れに沿って具現化しやすい方策を取ったと言えます。三つ目は、市として新たな取り組みであり、しかも学校教育段階まで継続する課題であることから、縦横の連携なしには解決できない課題として関係各課の協力のもとに進めていこうということです。

3　地域療育システムから発達支援システムへ

子育て支援策に位置付けた乳幼児期の新たな発達支援

２００６年に開設された要発達支援児のための新たな療育教室（正式な事業名は発達支援療育事業）は、乳幼児健診で把握され療育が必要と判断された在宅2、3歳の要発達支援児を対象にしています。10人程度の小集団での遊びを軸に、食事・午睡・着脱などの生活を組み込んだ一日の療育を週1・2日実施しています。子どもは1・2年利用して保育園・幼稚園に入園していきます注4。

スタッフは、保育士、発達相談員が主として関わり、必要に応じて管理栄養士、言語聴覚士、作業療法士などの専門的な助言を受けます。本人の発達上の課題や特性を踏まえつつ、子どもの願いを軸により丁寧な保育を行うという観点で療育を行っており、大津の障害児療育や障害児保育が大切にしてきた理念や方法を引く継ぐものとなっています。

保護者支援としては、専門家を講師に発達やことば・コミュニケーション、就園に関する学習会、同じ悩みを持つ保護者同士の仲間づくり、保護者のリフレッショを柱とした支援を実施しています。また、卒所後も保護者が気軽につどえる「卒所児親の会」を保護者主催で月1回開催しています。

子育て支援に位置付けた発達支援の事業としては、現在、療育教室、親子教室、「広場」の三つの事業があります。　療育教室は2011年にもう1か所開設され市内2か所、親子教室は3歳児対象に2か所、「広場」は2・3歳在宅児を対象に市内7か所で実施しているものと、10か月児健診後の1歳前半に市内3か所で実施しているものがあります。

保育園・幼稚園への支援

要発達支援児のための療育事業を開始した後には、保育園や幼稚園に在園している子どもで発達支援を必要とする子どもへの保育相談事業を開始しました。保育園・幼稚園ではすでに1980年代から発達上何らかの支援が必要な児を「気になる子」として把握し、健診後のフォローを受けていない場合は乳幼児健診や地域担当の保健師につないだり園内の努力で対応したりしてきました。しかし、子どもの行動や発達を保育者が「気になる」のではなく、子どもに何らかの保育上の配慮が必要である要配慮児としてとらえ直し、部分的だった対応を市の事業として位置付け組織的に対応する体制となりました。具体的には、集団保育への課題に対して、保育園・幼稚園担当の課（幼児政策課）が主軸となって保育相談を実施し、その中で個別相談が必要な場合は園から、乳幼児健診対象年齢までは健診担当の課（健康推進課）へ、それ以降は幼児政策課による発達相談や子ども発達相談センター・子育て総合支援センターの外来相談につなぎ、個々の子どもの発達や課題を把握した上で保育をどうつくるかを探っていく仕組みとなりました。保育園では、2009年度より障害児保育の対象ではない要配慮児を対象とした保育相談事業を市として実施しています。幼稚園では、2007年度からは学校教育課による特別支援教育巡回相談を開始し、さらに、2015年に幼稚園の事務執行が教育委員会から福祉部局に移され保育園と同じ課（前述の幼児政策課）になったことを契機に、保育園と同様、幼稚園の全園全クラスの保育相談に、幼児政策課専任の発達相談員・幼稚園教諭があたる体制になりました。

学校への接続・学齢期の相談保障

このように就学前の保健・福祉分野では「大津方式」を継承して、その対象を「横に拡げる」形で新たなニーズに対応してきました。しかし、就学前から学校へと「縦につなぐ」対応策の整備は、「大津方式」が整備された1970年代以降四十年来大津市の行政課題として残っていました。そうしたなか、市に移管された3歳児健診後のフォロー児が就学年齢を迎えた2000年以降、就学後、通常学級に在籍し、特別支援教育の対象となる子どもに対し、個別相談担当の発達相談員が発達に関する引継ぎ書を小学校に送って「縦につなぐ」役割を果たしてきました。これはシステムとしての抜本的な対策ではなく、それができるまでの当面の対応として現場の努力でなされたもので、部分的ではありましたが、学校との連携の実績を積み上げてきました。

そして2015年に、全国的な発達支援室・発達支援センター開設の流れを受けて、幼児期から中学生までの発達障害児・要発達支援児のための相談および就学前から就学後につなぐ拠点として子ども発達相談センターが開設されました。これによって、ようやく乳幼児期から学齢期の子どもの育ちが把握できるようになりました。同センターは、保健センターや保健所、子育て総合支援センター、教育相談センターと同じ建物内に開設され、医師、保健師、発達相談員、言語聴覚士、作業療法士、幼稚園・学校教諭などの専門スタッフが相談にあたっています。

以上のように、大津市では、自治体が主導して、まず乳幼児健診および障害乳幼児対策のシステムを整備した

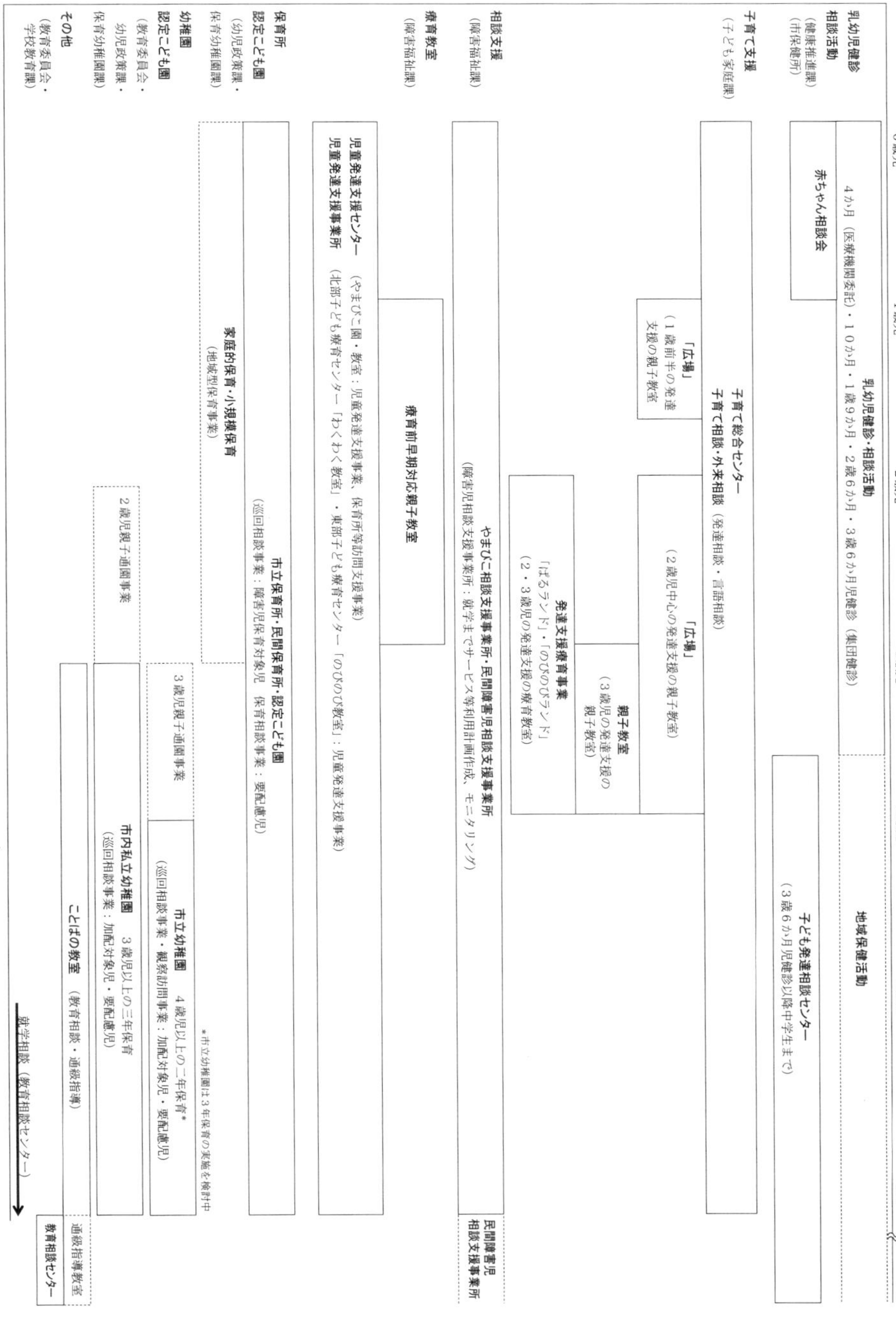
乳幼児健診
相談活動
（健康推進課）
（市保健所）
子育て支援
（子ども家庭課）
相談支援
（障害福祉課）
療育教室
（障害福祉課）
保育所
認定こども園
（幼児政策課・保育幼稚園課）
幼稚園
認定こども園
（教育委員会・幼児政策課・保育幼稚園課）
その他
（教育委員会・学校教育課）
0歳児
1歳児
2歳児
3歳児
4歳児
5歳児
就学
中3
乳幼児健診・相談活動
4か月（医療機関委託）・10か月・1歳9か月・2歳6か月・3歳6か月児健診（集団健診）
地域保健活動
赤ちゃん相談会
子ども発達相談センター
（3歳6か月児健診以降中学生まで）
子育て総合センター
子育て相談・外来相談（発達相談・言語相談）
「広場」
（1歳前半の発達支援の親子教室）
「広場」
（2歳児中心の発達支援の親子教室）
親子教室
（3歳児の発達支援の親子教室）
発達支援療育事業
「ぱるランド」・「のびのびランド」
（2・3歳児の発達支援の療育教室）
やまびこ相談支援事業所・民間障害児相談支援事業所
（障害児相談支援事業所：就学までサービス等利用計画作成、モニタリング）
民間障害児相談支援事業所
療育前早期対応親子教室
児童発達支援センター（やまびこ園・教室：児童発達支援事業、保育所等訪問支援事業）
児童発達支援事業所（北部子ども療育センター「わくわく教室」・東部子ども療育センター「のびのび教室」：児童発達支援事業）
市立保育所・民間保育所・認定こども園
（巡回相談事業：障害児保育対象児　保育相談事業：要配慮児）
家庭的保育・小規模保育
（地域型保育事業）
2歳児親子通園事業
3歳児親子通園事業
市立幼稚園　4歳児以上の二年保育*
（巡回相談事業・観察訪問事業：加配対象児・要配慮児）
*市立幼稚園は3年保育の実施を検討中
市内私立幼稚園　3歳児以上の三年保育
（巡回相談事業：加配対象児・要配慮児）
ことばの教室　（教育相談・通級指導）
就学相談（教育相談センター）
通級指導教室
教育相談センター
図表　大津市の発達支援システム（2016年4月現在）

後、支援の対象を知的遅れが顕著でない発達障害児や要発達支援児にも拡げ発達支援システムを発展させてきました。しかし、今日の孤立しがちな子育て環境の中で支援を必要とする親子が増えており、0・1歳児の親子教室、2歳児からの療育教室などの受け皿の拡大、高校生も含めた学齢期の相談体制の充実など、解決すべき課題が今なおあります。引き続き、親子が「この地域に生まれて良かった」と思えるような体制の整備や取り組みの継続が求められます。

*　*　*

次節より、実際に子どもたちの発達支援に関わっている実践の現場から、そして子どもの日々の生活を支えている保護者からの報告、親の会の取り組みを紹介します。

まず実践の現場からは、要発達支援児のための新たな療育教室（発達支援療育事業「ぱるランド」「のびのびランド」）、保育園、幼稚園、小学校、学童保育と、子どもが受ける支援の時期に沿って報告します。保護者からは、発達支援療育事業を利用した子どもの育ちおよび学校とのやりとりから、子どもが環境の変化を巡って直面する困難と何を支えに乗り越えていくか、そしてどのように学校と連携していくか、示唆に富んだ報告がなされています。最後は、ことばの教室親の会と発達支援療育事業卒所児親の会の報告で、どちらも学齢期に孤立しがちな保護者をつなぐ取り組みが書かれています。

注1　厚生労働省の2009年の報告書によると、5歳児健診を基盤とした「軽度発達障害児」の発生頻度は、はおよそ10％弱としています。大津市では2015年の障害児・発達障害児・要発達支援児全体の割合は2歳児で6・3％、3歳児で9・7％

となっています。

注2　筆者が大津市の発達相談に携わる以前の１９８４年までの経過については、田中杉恵の『発達診断と大津方式』を参考にしながら、当時大津市の発達相談員だった岡山英子・白石恵理子氏に聞き取りをしました。

注3　事業に発展しなかったのは、財政的理由とともに、限られた財政の中で優先して解決すべき課題―医療的ケアが必要な重度障害児のベッドサイド療育と、障害乳幼児療育の毎日登園―が残されていたためと考えられます。

注4　要発達支援児のための療育教室を開始してみると、後に発達障害と診断される子どもも一部含まれていました。対象児の検討をしている際には、そうした子どもも一部含まれるかもしれないが後年発達障害と診断されたら、その時点で障害児施策につないでいこうと合意されました。

（西原　睦子）

引用・参考文献

糸賀一雄　2003（復刻版）『この子らを世の光に―近江学園二十年の願い』ＮＨＫブックス
近藤直子　2015『ステキを見つける保育・療育・子育て』全国障害者問題研究会出版部
厚生労働省　2009「乳幼児健康診査に係る発達スクリーニングと早期支援に関する研究成果」40-41
西原睦子　2011「大津市における障害の早期発見と療育システムの考察」障害者問題研究　39(3)
白石恵理子・松原巨子編著　2001『障害児の発達と保育』かもがわ出版
田中昌人他　1980「はばたけ湖の子ら」発達　4
田中杉恵　1990『発達診断と大津方式』青木書店

【1　療育の実践】

子どもたちの「誇らしい自分づくり」を支援する

大津市立東部子ども療育センターのびのび教室は、市内4か所目の療育教室として設置され、児童福祉法に基づく児童発達支援事業（週5日登園）と、市独自の発達支援療育事業（週2日登園）とを同じ施設で実施しています。発達支援療育事業は2歳児クラスと3歳児クラス（各定員10名）がありますが、2歳児から、2年療育を受けて4歳児で公立幼稚園に入園、地域の小学校の通常学級に就学する子どもがほとんどです。

《朝の用意や体操はするけど自分のあそびがない？》

発達支援療育事業の3歳児クラス。年度当初、ほとんどが継続児であるため、朝の用意は自分でし、体操は期待して張り切ってしていました。ただ、自分たちであそびを作っていくのは苦手なようで、型にはまらないことはどうしていいかわからない、自信が持てないという姿が見られました。

もともと表現方法のつたなさ、身体の使い方の不器用さがあって、入所してきた子どもたち。2歳児の1年目の療育で、人との関係で〝どんな出し方でも受けとめてもらえるんだ〟という安心と嬉しさを感じることを経て、ようやく自分の気持ちや思いが膨らんできたところでした。しかし、まだ、自分がどうしたいのか具体的にイメージしにくかったり、身体が動くとコントロールできなかったりするようでした。

そこで、膨らんできた自分なりの思いや発想、やり方を出し、保育者に受け止めてもらうことで〝これでいいんだ〟と思い、さらに自信を持って出していくことにつなげたいと願って療育をすすめていくことにしました。

例えば、動物の動きをまねる遊び。アイデアの出し方がわかるように保育者がいろいろして見せて〝こんなのもあるよ〟と提示するところから始め、子どもから出てきたちょっとしたしぐさやつぶやきも「それ、おもしろいやん」と拾っていくようにしました。「それ、いいやん」と保育者に受けてもらい、友だちに同じことを一緒にしてもらったことは本人の自信として少しずつ積み重なりました。子どもたち一人ひとりの思いに目や耳を傾け、〝じぶんの思いをわかってもらえる〟という関係を丁寧に築いていくとともに、自分の思いや発想があそびにつながる経験を重ねました。

《自分で考えみんなで楽しむ『かくれんぼあそび』》

後半期には友だちとつながって遊ぶ楽しさを感じてほしいと考え『かくれんぼあそび』を取り入れることにしました。身体を動かすのは誰もが好き、でも、つもりやイメージを膨らませて遊ぶことについては苦手意識がある子もいて差がありました。そこで、単純だけれども友だちとつながっている楽しさを感じられるあそびはないかと考え、シンプルな『かくれんぼあそび』にしました。

「1、2、3……」と保育者が数えている間に他の保育者が子どもと一緒に隠れる場所を探します。何回か繰り返すとコツをつかんできて、自分から楽しそうに隠れる場所を探すようになりました。見つけられることが楽しい子どももいましたが、見つからないように隠れることが手応えになりそうな子もいました。そのつもりが実るように、保育者は箱や布など隠れる工夫ができるものを用意し、そのなかで、〝こうしてみよう〟という子どもの発想を応援する形で手助けしたり、ちょっとしたきっかけを提案したりすることを大事にしました。

回数を重ねると、上手に隠れた友だちの姿を見て

〝あんなふうにしたい〟とまねたり、〝じぶんは、こうしてみよう〟と考えたりする子が増え、「モウイッカイシヨウ」と楽しみにするようになりました。そうした姿が出てきた頃に、あえて保育者全員が「探す役」になり、子どもだけで隠れる機会も持ちました。すると、友だち同士で「コッチ」と誘い合い囲いを作る姿や、いつもは保育者の傍にいることで安心していた子が自分一人で隠れる場所を探しに向かい、カーテンの後ろに入ったり、箱をかぶってみたりして自分で考えて隠れる姿がありました。

《〝自分で考えた！〟隠れてないけどかくれてる》

ショウくん（仮名）は活発に走り回るのは好き、でも表現が不器用で恥かしがり屋。「一緒にしよう」と誘うのは友だちではなく保育者であり、集団ではじっと人の話を聞くのが苦手でした。それは、自分に自信が持ちきれないこともあり、思いを出そうとすれば動きが荒くなることもありました。かっこいいことや勝つことにもワクワクするショウくんにとって、『かくれんぼあそび』では、〝みつからなかった〟というのがとても嬉しいことのようでした。

そこで、ショウくんが〝みつからないようにしたい〟と考えて工夫している時には、その思いを大事に、例えそれが保育者から見えていても、保育者同士で連携して見つけるタイミングを図る演出をしました。そして、見つけた時に「上手に考えたなぁ」と認めるようにしました。目立たないけれど実はいい発想を持っている子どもや、自分のしたことに自信が持ち切れない子どもに対しても同様にしました。

そんなある日の『かくれんぼあそび』。ショウくんは、どこからどう見ても見つかるという場所に、堂々と目を閉じ、薄い布をかぶって仰向けになっていました。ショウくんは隠れているつもり。その真剣さと子どもならではの発想のおもしろさに、思わず保育者同士で目と目で笑い合いながらも、「あれっショウちゃん、どこにかくれてるのかな？」と言いながら一番最後に見つけることにしました。身体と気持ちのコントロールが難しく、自分の表現に自信がなかったショウくんが、〝ぼくはこうやって隠れる〟と決め、見つかるまでじーっと静かに待っていたのには驚きました。〝自分で考えて上手に隠れられた〟、そのことで〝最後まで見つからなかった〟ということが、自分の手応えになり誇らしい様子でした。

「じっとしていない」「幼稚園でやっていけるだろうか」といつも不安げな顔をしていたお母さんが、『かくれんぼあそび』を重ねていくうちに、子どもならではの発想を一緒に楽しみ、みんなの中で楽しそうに遊ぶ我が子の姿を見て、いつしか肩の力が抜け、「これでいいんだ」と思えるようになっていかれたようでした。

《〝おもしろい〟〝みんなとあそびたい〟が原動力》

このあそびで、自分らしさを出すことが苦手であった子どもたちが、ドキドキしながらも、〝おもしろいから〟〝みんなと遊びたいから〟を原動力に、自分らしさを発揮していきました。保育者は、子どもが出してきている、芽生えている自分の〝こうしたい〟という思いやつもりを形にし、子どもが自分への手応えを感じるところまでつなげることが大事だったと感じました。

「友だちと」つながっていたかと考えると、そこまではなかったかもしれません。しかし、自分で考えたその出し方を「友だちとのあそびの中で」認められることで、自分を誇らしく感じるようになったことは、この時期の子どもたちの自分づくりという意味で大切ではなかったかと思います。

（向井　恵美）

【2　保育園の実践】

つらい思いをしている子の「自分づくり」を応援する

《叱られても変わらないMくんの行動》

４歳児クラスのMくんは、着替えや食事、あそぶための身支度……何をするにも時間がかかった。動作がゆっくりだからではなく、目に入ったものに気が散り、手元が疎かになるからだ。歯磨きをするはずが友だちのコップの絵に見入っていたり、ズボンを膝まで下ろしたところでカバンのキーホルダーが気になるとそのままの格好で触りだしたりする。気になることがあるとみんなであそんでいるときでも、ためらうことなく集団から外れていった。

また、同じ姿勢を保つのが苦手で、三角座りもすぐに崩れ、「Mくんがもたれてきはる」と隣の友だちから苦情がでる。遊びの中では、友だちが使っているものがほしくなると断りなく取り、時には叩いたり咬んだりするのですぐにトラブルになった。事あるごとに「Mくん！」と強い口調で叱られていた。しかし、叱られたからといってMくんの行動に変化はみられず、むしろ注意散漫さやトラブルは増すように思えた。

《Mくんの味方に》

５歳児クラスがスタートして間もなくの頃、その日もMくんを取り囲んでのトラブルがすでに起こっていた。「もうMくん！」と周りの子どもたちがかなり強い責め口調で詰め寄っていた。ここは原因追及より互いにクールダウンが必要と、みんなには外へ遊びに行ってもらった。Mくんはというと、「〇〇くんキライ、みんなキライ。外もいかへん」と混乱した様子で眉間にしわを寄せて呟いていた。「うん。わかった。よくわかったけど、とにかく先生は何があってもMくんの味方やしな」。4歳児クラス時のフリー保育士から5歳児クラスの担任になった筆者は、Mくんの自分も誰も信じていないといった様子があまりにも悲しく、とにかくそう伝えたかった。その言葉を聞いた時のMくんの表情は今も忘れられない。眉間のしわがふわっととれて、こちらの顔をふわっと見て、瞳が少し輝いたように思えた。そして「お外いってくるわ」と駆け出していった。

《思いやつもりを代弁し、周りの理解を広げる》

「Mくんが砂蹴ってきはる〜」という、子どもたちの悲痛な訴えの方に目をやると、そこには確かに友だちに向かって砂を蹴っているMくんがいた。とっさに注意しかけたが、一旦様子を見る事にした。すると、周りの子どもたちは氷鬼をしていて、いつもなら砂場で穴掘りや電車ごっこをしているMくんが、楽しそうに遊ぶ友だちに向かって砂を蹴っていたのだった。もしやMくんも仲間に入れてほしいのでは？　そっと訊ねてみると、的中した。周りの子どもたちに伝えると「ええで」と仲間に入れてくれた。

橋渡しが出来たと嬉しく思っていた矢先、次は「Mくんがやめてって何回言うても砂投げてきはる」との訴え。せっかく氷鬼の仲間に入れてもらえたのにどうして？　落胆しながら様子を見ていると、走るのが速くはないMくんは、一度鬼になるとタッチしたくてもなかなかできない。追いかけても追いかけても友だちに手が届かない。投げた砂は彼の手の分身。砂があたったときにタッチしたつもりだと見てとれた。Mくんにも確かめると、大きく頷きそれがどうしたと言わんばかりの表情だった。彼なりのつもりを周りの子どもたちに伝えた。だからといって、砂を投げていいというルールになる訳ではないが、少なくとも〝砂を投げる困ったやつ〟という存在から〝一緒にあそびたい〟

と思っている仲間の一人ということは認められたようだった。

クラスには重度の脳性マヒの子や自閉的傾向の強い子が複数在籍し、担任も複数で受け持っている。言葉以外の表現を汲み取ることは、保育者たちも子どもたちも少なからず心得ていた。

とはいえ、Mくんの野放図な行動には、周りが理解に苦しむことがよくあった。

雨上がりにブランコの下の大きな水たまりの泥水をスコップやお鍋で汲み出し排水溝に流す「工事」。Mくんもブランコに乗りたいと自ら参加しせっせと泥水を運んだ。目的を共有してみんなと同じ活動にイキイキと取り組む姿は微笑ましかった。ところがしばらくすると、泥水ではなく水道水をバケツいっぱいに汲んで排水溝に流しはじめるMくん。誰かの「なんで?」の疑問に保育者たちも「なんでやろ」と首をかしげた。

排水溝を覗き込み、耳を澄ませて「すっげー」と目を輝かせるMくん。どうやら排水溝の反響音に興味が移り、泥水より水道水が手っ取り早いと気づいたようだった。それを繰り返すうちに蛇口の水が勢いよく飛び出して服がびしょびしょになり、それを機に次は水あそびにしばし興じることに……。

ようやく着替えを済ませて再び外に出て「ぼくもブランコに乗りたい」というMくんを見る周りの目は冷ややかだった。「みんなはさっきからずーっと泥水運んで、砂入れて、今やっときれいになったとこなんやで」。そう言われても、Mくんにはその気まずさまでは伝わらなかった。

《発達相談を機に応援団の裾野が広がる》

個別懇談では、包み隠さずMくんの保育園での様子を伝えてみた。すると、お母さんも3歳頃から他の子との違いや、何度注意しても一向に変わらない育てにくさを感じてきたことを話してくれた。以来、日頃の様子を詳しく連絡帳で伝え合い、共通認識していくことにした。くれぐれも園での行動やトラブルを家で叱らないことを約束してもらい、何度も念押しした。

お父さんも合意のもと受けた発達相談は、総合保健センターに依頼してMくんが5歳半になる少し前に保育園でしてもらった。結果は、「簡単な会話であっても彼の話す語尾が弱く曖昧で自信のなさが浮き彫り。3、4歳の時の自己形成がいい形で積み上がっておらず、4歳半の節目にかかりきっていない」「発達障害の可能性が高いが、彼の特徴を捉えながら〝ぼくはぼくでいいんだ〟という自己肯定感を、保育園と家庭でしっかり育み高めていってほしい。だからと言って、あと半年と焦らず、就学後も見通した応援をお願いしたい」とのことだった。発達相談員の判定と助言で、これまでの霧が晴れ、確かに見据えることのできた大きな標となった。

それからは、クラス以外の職員も関わりが少しずつ変わっていった。Mくんの行動だけを捉えて集団に入れようとするのではなく、その意味に思いを巡らせたり、褒めどころを見つけたりしはじめた。朝早くから夕方遅くまで、土曜日も保育園で過ごすMくんにとって、みんなの捉え方が少し変わることが、大きな変化につながった。

《Mくんらしさを認め、興味関心を共有する》

電車や虫のことなど、Mくんは自分が好きなことには詳しいことを周りの子どもたちもよく知っていた。相変わらず集まりではじっと座っていられずにウロウロしているけれど、みんなの前で発表することが楽しくなってきていたMくん。「最後にね」と待たせたまま、すっかり忘れて集まりを終えかけた保育者を、「Mくんの虫の話は？」と子どもたちが咎めたこともあった。「ごめんなさい。どうぞ」にいそいそと出てきて、虫の絵を見せるMくんは得意げでみんながそれを面白がって見ていた。時には急に気になった図鑑の紹介などもあったが、子どもたちはそれも興味深く見入った。Mくん独特のマイワールドの展開に、5歳児の子どもたちの知的好奇心もくすぐられていたのだと思う。

《仲間のなかで育ち合う》

発表会が近づき、小グループごとのお話ごっこから、いよいよ劇として一つにまとめていく、その核となる話し合いの日、あいにくMくんはお休みだった。それぞれの思いを出し合い、まさに完成しそうという時、ふと一人の女の子が言い出した。「Mくん、今日お休みやん。来たら絶対『れっしゃのたび』（Mくん主導ですすめていた創作劇）を、なんでしぃひんのって怒って、また一から話し合いしなあかんやん」と。それは、Mくんのことを思ってというより、これまで彼の強引さにより、どんでん返しになったことがあったので、またそうなるのではというニュアンスだった。すると、他の子どもたちも「ほんまや」「どうする？」と騒ぎだした。Mくんの存在がクラスとして劇をどう進めるかの分水嶺にこんなにも大きく影響していることに改めて気づかされた。保育者の思いが先行しすぎていたのか……しばし省み、話し合いの着地点を見失いかけている時、子どもたちから新たな提案が飛び出した。

「そしたら『れっしゃのたび』に出てくる鹿をエルマーのところで登場させたらどう？」「それいいかも！」「あかんって。Mくんは列車が好きなんやから、列車が出てこないと汽笛の音とかできないやん」「ピーっていうの好きやもんな」「そっか……」「わかった！　そしたら、エルマーがどうぶつ島にいくのを舟じゃなくって、列車でいくことにする？」「ああ、それもいいかも」「そしたら海じゃなくて、山にどうぶつ島があるってこと？」「えっとなー」「あーー！　わかった！　Mくんってさ、列車も好きやけど、虫も好きやんか。虫が出てきたらいいんちゃう？」「そうやそうや」「虫の中でもヒラタクワガタが大好きやしぃ」「わかった。エルマーにどうぶつ島の話をするのを、ネコじゃなくて、ヒラタクワガタが教えてあげることにする？」……気がつけばクラス中の子どもたちが、MくんがMくんらしく劇に参加することを考えて発言し、人の意見をくぐってまた自分の意見を生み出し、Mくんを含めたクラスみんなの劇を自分たちで創り上げようとする話し合いが見事に展開されていた。

次の日、話し合いのことを伝えるとMくんは照れ笑いし嬉しそうだった。そして、劇をすすめるなかで、みんなに推薦された役を最後までやり遂げることとなった。

《就学したMくん》

入学した年の夏、Mくんの通う小学校の先生から「学校中でMくんを知らない先生はいないですよ。面白い子ですよね」と聞く機会があった。学年が違う先生から通常学級のMくんのことをそう語られたことに驚きながらも、発達相談からも保育園からも丁寧に引継いだことが生かされ、学校ぐるみで大切にしてもらっていることを感じた。また、お母さんからも、Mくんが楽しみながら頑張っている様子を聞かせてもらっていた。

3年生になって、特別支援学級に入ったMくんに、しばらくしてお母さんが「Mが1年生の時、こじかさん（支援級）か、1年2組さん（通常学級）か、もしも選んでよかったらどっちがよかった？」とたずねたところ、しばらく考えたMくんが「うんとな、こじかさんと1年2組の間があったら、そこに行きたかったな」と答えたとのこと。そして、「こじかさんやったら、僕の能力が落ちる気がするねん」とも。

それを聞いて、自分のことを客観的に見つめられるようになった成長を感じた。同時に、通常学級ではかなり背伸びして頑張っていたのだと知った。きっと彼を取り巻く新たな周りの人たちの支えがあったからこそ乗り越えられたのだろう。

これからも自分を信じ周りを信頼しながら、自分らしく生きていってほしいと願う。改めて自分づくりの基盤を応援できた喜びを噛みしめている。

（小川ことゑ）

【3　幼稚園の実践】

仲間とともに　生きる力をはぐくむ

大津市立幼稚園は2年保育で、3歳までは家庭で過ごしてきた子どもたちが4歳から入園します。そのため、入園時の子どもたちは、個々の家庭での過ごし方により、生活面や人との関わり方、遊びの経験など、さまざまな面での個人差が非常に大きい状況で幼稚園生活をスタートします。

《トーマス大好き、汚れるのはイヤ！》

ミサキくん（仮名）は、10か月児健診での運動面の遅れ等から継続相談となり、1歳9か月児健診やその後の発達相談での言葉の広がりにくさや手指操作や身のこなしの不器用さから、2歳頃より療育教室に通って幼稚園の入園を迎えました。

人懐っこい笑顔が印象的でしたが、入園当初は大好きなトーマスの電車へのこだわりが強く、身支度やみんなで集まる活動を促されると「トーマスするから嫌！」と拒否し、かんしゃくを起こすこともしばしばでした。6月になり、開放的な気持ちが味わえる砂や泥、水などの素材に触れる遊びをみんなが楽しむ中、賑わいにつられて外に出てみるものの、感覚の過敏さから、少し手に泥が付いただけでも大声を上げて「汚れたー」と泣き叫んでいました。

そんなミサキくんに、「汚れるの嫌なんだよね……でも汚れたら直ぐにこの水で洗ったら大丈夫！」とミサキくんの思いに寄り添いつつ、専用のバケツを常に側に用意して泥遊びの場に連れ出していました。すると、少し触っては、バケツの水で直ぐ手を洗うことを繰り返していたミサキくんが、やがて、「いちいち手を洗うの面倒くさい」と、泥を触っても手を洗わなくなり、ついには、裸足になって泥あそびを堪能するようになっていきました。

《ボク、虫にさわれたよ》

このように、入園当初はいろいろな場面でのこだわりに教師が寄り添いながら遊びの世界を広げていきましたが、2学期になると徐々に気心の合う友だちや憧れを感じる存在となる友だちができてきました。そして、友だちとつながり関わりが増えるなかで、新たな世界に挑戦しようとする姿も見られるようになっていきました。そんなある日、初めてのことにはまだまだ臆病なミサキくんは、クラスのみんなが蝶々の幼虫を囲んでいる姿を怖々覗いていました。そばにいた友だちが「ほら」と幼虫を顔の間近に持ち上げたとたんに大パニックになり大声で叫び始めました。一旦こうなると気持ちが落ち着くのに時間を要するミサキくんでしたが、この時は、友だちが「ほら大丈夫やで」と言いながら自分の手に幼虫をのせる姿を見ているうちに、ミサキくんも「そーっとね、そーっと……」と自分に言い聞かせるように呟き、飼育ケースの中にいる幼虫を指先でちょこっと触りました。そして、近くにいた友だちや教師に「さわれたよ！」「ボク、さわったんやで」とその喜びを満面の笑顔で伝えていました。

《ごたごたしながら仲間と一緒に育ちあう》

こうして、ミサキくんは、何事も最初は様子を見る所から始めるものの、同じクラスの友だちや遊びの場で一緒になった友だちとともに過ごすなかで、時には仲間に助けられながら、時には憧れの気持ちに後押しされながら、遊びや生活を自分なりに広げ、その手応えを自信に繋げていきました。

その後も、トイレが間に合わず着替えている間に、みんながお弁当を食べ始めているのを見てパニックになるなど、自分のペースで物事が進まない事態を受け入れられないこともよく起きました。そのような場面では、教師が端的な言葉で状況を伝えつつ、周りの子どもたちにも揺れるミサキくんの気持ちを伝え、「大丈夫やで、一緒に食べよう！」と受け入れる気持ちを育てるクラス経営を工夫していきました。このように、必要な支援を、周りにいる仲間や大人が共に考えながら支えていくなかで、上手くいかないことにぶつかってもごたごたしながら友だちと一緒に考え力を合わせて乗り越える経験を幼稚園の2年間で積み上げて、就学の時期を迎えていきました。

一方、相手にリードされた状況でバトンを渡されると「もう、負けるやん！」と怒り出すなど、困り感をストレートに表現するミサキくんの姿に、クラスの子どもたちは「そんなんアカン！」と反論したり、「実は僕も、同じこと思ってた」と、押さえていた本音を吐露したりしました。そして、「心配で怒りたくなることってあるよね」「もう少ししたら、やっぱりもう一回頑張ってみようと思えるかも」など、ミサキくんの心模様を伝える支援は、クラスの子どもたちにとっても、周りからの評価を意識した建前でなく、自分の思いを見つめ、それを出しても受け止めてもらえる安心感に繋がりました。遊びや生活に見通しが持てるように視覚支援を活用したり、言葉での長い説明は具体的な行動に分解して伝えたりするなど、ミサキくんの困り感を和らげるための支援は、理解が少し緩やかな他の子どもたちにとっても、何となくわかっていることがより明確に確実にわかることにも繋がっていきました。

《子どもも揺れる、おとなも揺れる》

幼稚園に通わせる保護者は、家庭の中で子育てしてきたため、初めての集団生活の場での我が子の姿を見ると、周りの子どもと比べて、我が身や我が子を責める気持ちに追い込まれがちです。でも、1学期の中頃には、変化していく我が子の姿に落ち着いていかれます。ところが支援の必要な子どもは、集団生活の中で変化がなかなか見られず、保護者の方の焦りは強くなる一方です。

ミサキくんの保護者も、「何でうちの子は、そんな細かなことに、いちいちこだわるのでしょう?」「やる前から、あーだこーだと屁理屈をつけて!」などと、周りの友だちの姿と比べて気を揉んでしまう葛藤が長く続きました。しかし、入園前に療育という場で、個々の子どもの発達や持ち味に応じた適切な支援を受け、一人で悩まず療育教室の先生や保護者の仲間と相談しながら子育てしてこられた経験から、葛藤しつつも、ミサキくんの困り感を和らげるための手立てを教師とともに考え支えていこうと努力されていました。

《就学後につながる育ちに向かって》

入学前に、ミサキくんの保護者と相談した結果、保護者は通常学級への進学を決めました。小学校は学習が中心となり環境が大きく変化しますが、幼稚園生活の中で自分のペースで経験を広げながら感じとっていった自信や意欲を、自分なりに学ぼうとする力に繋げていってほしいと願い、小学校に送りました。小学校入学後、登下校時に幼稚園の横を通るミサキくんは、いつも「おはようございます」と笑顔で挨拶した後、ひとしきり、「僕ね、このあいだ、走りで一番になったよ」「僕ね、宿題忘れなかったんだよ」など、自分の頑張っていることを話していきます。授業にも、自分なりにわかろうとする姿勢で臨んでいるようです。

ミサキくん親子の2年間の姿を振り返るとき、幼稚園生活は短い期間ではありますが、一人ひとりの安定を計ることで経験が広がり自信に結びついていきます。それとともに、人と関わる心地よさを感じていきますが、人と関わることで刺激も受ければ葛藤も経験する2年間でもあります。だからこそ同年齢の仲間と互いに育ち合い、自分づくりをすすめるかけがえのない時間なのだと、自分の関わっている就学前教育の世界の意義も改めて感じました。

これからも、幼稚園生活の中で自分のペースで経験を広げながら感じとっていった自信や意欲が、小学校以降の教育の場で、自分なりに学ぼうとする力に繋がっていってほしいと願っています。

（矢守　美子）

【4　保護者の思い：幼稚園から小学校へ】

一緒に考える信頼関係をつくりながら

《我が家に双子生まれる》

我が子は双胎間輸血症候群で、29週と6日で極低出生体重児で生まれた双生児の兄弟です。長男は生後7日目で腸管穿孔のため手術、次男は生後1か月で敗血症から髄膜炎にかかり、病院で様々な治療を受けるなど、二人とも二か月間保育器に入り、三か月間の入院生活となりました。命の危険があり、「助かった！命がある」、これが子育ての原点となりました。

退院後は病院でのフォローアップを受けながら育児がスタートしました。また、退院と同時に、地域担当の保健師さんが自宅に訪問してくれ、その後保健師さんや発達相談の先生にも助けを求め、定期的に家庭訪問してもらいました。しかし自宅では、二人の生活リズムの違いから、母である私は十分な睡眠がとれず、体力的にも精神的にも相当に追い込まれ、〝このままでは自分が自分でいられなくなる〟と思い、市の子育て総合支援センターゆめっこに相談に行きました。

長男は、乳児期は眠りが浅い、体幹は柔らかいものの反りやすいことから物を投げるばかりであそびにならない。次男は歩行が2歳だったため、それに伴ってことばを中心に発達もゆっくり育ってきていました。

このことに私自身の育児のしんどさも加わったため、発達相談で発達支援療育事業の利用を勧められ、2歳児、3歳児の二年間通所しました。

《発達支援のために療育に通う》

四月から発達支援のための教室である「ぱるランド」に通い始めましたが、二人とも私から離れるのが初めてでした。なので、最初は泣いてリズムを崩し、連日夜泣きが続きました。しかし、早い段階で担任の先生方に心を許しました。まずは、親以外の大人である先生方に二人ともが自身を委ねられるようになったことは大きな変化でした。

長男はその安心感から、〝友だちと一緒に遊びたい！関わりたい！〟との思いを持ち、少しずつ友だちと一緒を喜びその雰囲気を共有することを楽しむようになりました。その反面、自分の動きより激しく力のある友だちとぶつかると圧倒されてしまい、嫌な気持ちを伝えられないまま泣いてしまうこともありました。それは今でも形を変えて続いています。

次男は安心できる先生のもと、じっくりと遊ぶことからだんだんと自分の遊びを広げていくようになりました。ただ、じっくりマイペースであることやことばがゆっくりなこともあり、先生との関わりが本人にとって一番で、友だちとの直接的な関係を築くことは、伝わらないことが多く引き気味な姿も見られました。長男と同様、この点は少しましにはなっていますが小学生になった今も見られます。

親として、療育教室に通所した二年間で得たことは、子どもの本来の姿、成長・発達過程の正しい知識です。我が子と私に関わって保育士や発達相談の先生方から直接学べたことが、今現在の育児においても、基準となり私の軸になっています。

《幼稚園での生活》

療育教室卒所後は、地域の小学校とのつながりや関わりが多い大津市立の幼稚園を選択し、二年間通園しました。

友だちと関わりたい気持ちが、療育教室の時よりももっと大きくなった長男は、先頭に立つタイプの子や身体が大きくてよく動く活発なタイプの子に一所懸命ついていくようになりました。友だちとの距離がうまく保てている間はとても楽しく遊べ、遊びや友だちの幅もうんと広がりました。しかし、例えばジャンケンでは勝ったのに負けたことにされ、ことばでも力でも強く押されて自分の気持ちが伝えられず、ずっとオニをすることになるなど、何となく弱い立場に置かれると、伝えられずにたまった嫌な気持ち、悲しい気持ちがあふれ出し、私の元で泣くということも多々ありました。楽しさと強さの感じ方が自分と相手で違うことが理解できずにびっくりしていた状態で、そこが幼稚園では困っていたことだったと思います。

次男については、年少も年長も先生とじっくりと関わりながら自分のしたい遊びを楽しんでいました。時には周りの友だちから外れることもありました。それで、年長になって小学校が見通せるようになってくると、「これができるようになると……」と望ましい姿を期待されることも増えてきました。が、本人はそのことを少しも気にしている様子はなかったので、親としては子どものペースを見守ることにしました。

幼稚園は初めての大きな集団でしたが、療育教室からの申し送りをしっかりしていただいたことで親子ともあまり不安なく過ごせたように思います。そうしたなかでも、大きな集団になったからこそ楽しさも増せば困ることも経験しました。幼稚園の担任の先生としっかりと話をして我が子のことを伝えていくことで、我が子のがんばっている姿の中にある本当の気持ちやペースをどれだけ先生に知ってもらい理解していただくか。二年間の私自身の課題でもあり、テーマでもありました。

《幼稚園から小学校へつなぐ》

6歳で、出産した病院での未熟児健診を受けるのにＷＩＳＣ検査結果を提出しなければならなかったので、療育教室でお世話になっていた子育て総合支援センターの言語相談の言語聴覚士の先生にお願いして検査していただきました。そのことで、今後学習面に困難を感じるかもしれないと教えていただき、その困難を少しでも和らげるようにとお声をかけていただき、就学前の半年間、ことばの教室に通いました。ことばの教室に通い、先生の指導を受けていくうちに、少しずつ変化していく長男を目の当たりにし、改めて専門の先生の力のすごさに気づきました。就学にあたり、困るであろうことがはっきりとわかったので、小学校へどうつないでいけばいいいかを、親として一番に考えました。

療育教室の時から相談してきた発達相談の先生に申し送り状を作っていただきました。入学式当日に二人の担任の先生に、その申し送り状を見ていただいたことを確認をして、小学校の生活がスタートしました。

《そして小学生に》

長男は幼稚園のころは〝ついていく〟のに精一杯という感じの友だちとの関係でしたが、友だちにも少しずつ思いを出しながら、がんばりすぎない関係に変わってきました。一方、学校ではいろんなことが感じられるようになりアンテナを張ってがんばっている分、家ではイライラすることも多くなりました。学習進度がスピードアップしたり、学習量が増えたりすることに身体がついていかないことが、イライラにつながっているような気がします。

次男は学習面において出来る喜び、知る喜びを感じる日々を送っており、本人のペース、他と比べてではなく自分の中での自己評価ができるので、情緒は安定しているように思います。苦手な運動は、先生に声をかけてもらうことで安心し取り組んでいるようです。

小学校では幼稚園のように親が先生と毎日顔を合わせることはありません。だから見えない世界です。しかし、見えない世界であっても、親が発信をし、お願いをしていくことで、担任の先生とつながり、見えないけれど感じとれる世界になります。家庭で過ごす時間と学校で過ごす時間を合わせると24時間になり、これが子どもの一日です。親としては、たとえ小さなことでも伝えたいと思えば連絡帳でお知らせし、時には直接学校に電話をしてお伝えすることもあります。

小学校では申し送り状をもとに個別支援計画書を立てて下さるので、私自身も家での姿や学校で注意してみてほしいところ等を書面にして、4月の家庭訪問の時に、担任の先生にお渡ししています。学年が上がることで内容も変わってくるので、毎年書き換えています。個別支援計画書（個別ファイル）があることにより、過去を見直すこともでき、過去から現在という我が子の歴史がわかり、これから先の支援にもつなげやすいと感じています。

しっかりと学校の先生と話をして伝えたいので、通常の懇談以外にも懇談の時間を作っていただき、また学校としてわかって検討していただきたいので、担任の先生だけでなく、コーディネーターの先生方にも入ってもらえるようにお願いをしています。

《親として》

学校や先生にしてもらいたいと望むことよりも、先生と一緒に考えていけること。これが信頼関係につながり、私が子育てするなかで最も大切にしていることです。しかし、頭ではわかっていても、怒ってしまったり、イライラしてしまったりすることは日常生活の中でたくさんあります。私自身の気持ちのコントロールはとても難しいです。また、グズグズするわが子。受け入れることと甘やかすことは紙一重であり、いつもそこに悩みました。情報があふれる中、要らない情報にも惑わされそうにもなります。その時々の「今」、発達相談員の先生にお聞きし、私自身の見ている方向に灯りをともしてもらい、そのことが不安を取り除き、もう一度前を向いて進んでいくことができます。

乳幼児期はおとなである親が入ることで関係を築き、安心することができました。児童期になり、少しずつ親の手から離れて子ども同士でぶつかり、解決していく時期です。しかし、子ども同士では、距離感や関係性がつかめないことも多く、そんな時にはおとながそのしんどさをキャッチする。そして離れていくことは成長であり、だからこそ、見守ることが児童期に入った我が子の安心感になると感じるこの頃です。

目に見える出来よりもたくさんのことを肌で感じ、そして心に響く。それが人間らしさであり、信じる心、伝える心を大切にしながら、今、そしてこれからの育児に励みたいと思います。

（清水　美恵）

【5　小学校の実践】

だいすきわたし　だいじなあなた

縁あって出会った子どもたちとの出会いを大切にしたいと思ってやってきました。子どもたちにとって、かけがえのないその1年、楽しかったなあと思えるようにしていきたいと毎年思ってやってきました。しかしながら、悪戦苦闘している毎日です。

4年生で担任したユウキさん（仮名）は、ADHDの診断を受けたお子さんでした。一つのことに集中して作業を進めたり、気が進まないことを我慢してやったりすることが苦手です。気が向かないものはこっくりと居眠ってしまう姿も見られることがありました。また、周りのいろいろな刺激に反応しやすく、すぐに気が散ったり、思ったことを発言したり行動に移したりしてしまいます。しかし、何より気になったのはどこか自信なげで、「自分はできないんだ」と自分に自信が持てない姿でした。

ここでは、ユウキさんへの取り組みを通じて、「だいすきわたし　だいじなあなた」を合い言葉に自分を認め、相手を認めることを大切にしてきた私の学級づくりの一端を述べたいと思います。

《支持的集団づくり・居心地のよいクラスづくり》

クラスにはさまざまな課題を抱えている子どもたちがいます。みんなが精いっぱい勉強できるようでありたい。一人ひとりが自分らしくいてほしい。それには、まず、どの子どもにも居心地のよいクラスをつくることだと考えています。

居心地のよいクラスとはどういうものでしょうか。やはり、自分の居場所があることであり、それは特別なことでは決してありません。注意されるべきことは注意され、ほめる時には心の底からほめられる。一人の子の喜びをみんなが喜び、一人の子の悲しみをみんなが悲しむことができる。そんな集団をいつもつくりたいと考えてきました。

まず、しっかりと人の話を聴くこととともに、「わからないことがわからない」と言えることなど、何でも話しやすい温かい雰囲気づくりを大切に学級づくりを進めていきました。何より私自身が子どもたちの話に耳を傾けられること。話しにくいことはノートの交換などを通して、話す話題を見つけていくこともしていきました。そして、同時に人には得手不得手があり、クラスのメンバーが助け合って、どの子も伸びていこうということを繰り返し話してきました。

そのようななか、少しずつユウキさんは、自分が「寝たらだめだと思っていても眠くなること」「字を書くのが苦手で遅いこと」などを話してくれました。書字に対しての抵抗を少しでも取り除くために、ノートに写さずドリルに直接書いたり、大切なところだけを写したりするなどの配慮をしていきました。特別ルールを設ける点で、本人が納得して取り組めることも大切ですが、周りの子どもたちがそれを受け入れられる集団になっているかどうかがとても大切なように思います。そういう意味でも支持的な集団作りの大切さを感じています。

そして、ユウキさんをはじめ、どの子も自信をもって取り組めるように、よかったことを具体的にほめるようにしました。具体的だけでなく、なぜほめたのかその経過を子どもたちに話していくことで、子どもたちの行為を価値づけていくようにしていきました。子どもたちも一人ひとりが自分の考えていることの結果だけではなく、そのプロセスを大切にされていると感じることができていったのではないかと思います。

また、授業では全員参加を基本に、ペアやグループなどさまざまな形で集団で学ぶ活動を取り入れていきました。付箋に友だちからのアドバイスをもらうなど人間関係づくりを意識しながら学習を進めていきました。ユウキさんもペアやグループ学習のなかで、自分の思いを受けとめてもらえ、自分の力を精いっぱい発揮できる心地よさに気づいていったように思いました。

私自身のものの見方や考え方は、子どもたちのものを見る目や感じる心に大きく影響していくと思っています。だから、いつも私は自分自身の人権感覚を高めたいと考えています。

こうして、「だいすきわたし　だいじなあなた」を合い言葉に自分を認め、相手を認めることを大切に学級作りを進めていきました。学級がまとまってくると、周りの子どもたちがいい意味で「ユウキさんはこういう子」ととらえられるようになっていきました。周りが認めることでユウキさんは自分らしさが発揮できていったように思います。ユウキさんに対してカチンときても、ぶつかることが減っていったように思いました。子どもたちもユウキさんを気遣うことが増え、ユウキさんも少しずつ気持ちが安定していったように思います。

《子どもを見る目を養う》

子どもと一番長くいるのは担任です。その子のよいところはもちろん、苦手なところを見極められる目を持ちたいと思っています。そして、それが専門機関につなぐ橋渡しにもなります。

ユウキさんの保護者とは、学校での様子やお家での様子をはじめ、頻繁に話す機会をつくっていきました。そのようななかでユウキさんの困り感を共有していくことができていったように思います。お家での過ごし方の工夫を聞かせてもらったり、病院での話を聞かせていただいたりもしました。

ユウキさんは3年生で病院を受診し、ＡＤＨＤの診断を受けたものの、その後方針の違いから受診をやめておられました。しかし、落ち着かない様子やホームドクターの必要という意味からも医療とのつながりをもちたいと考え、小児専門の病院への受診を強く勧めました。保護者も親同士のつながりを求めておられたこともあって再度医療とつながり、家庭、学校、医療と理想的なつながりがもてたように思いました。とにかく、情報を共有する中で「どうしていくことがユウキさんにとって一番よいのか」といったスタンスで毎週、学校での様子をお伝えしながら、さらによい関わり方を保護者と協力しながら進めていくことができました。

例えば、苦手意識の強いものは、問題数をへらし、成功体験を大切にしていこう。座席は周囲の刺激ができるだけ入りにくいように、声がかけられやすいように前にしていくなど、その都度相談して決めていきました。もちろん、ユウキさん自身に私の考えを伝え、本人も納得して取り組めることを大切に進めていきました。

ユウキさんは絵を描くのが好きなお子さんでした。調べ学習では見通しが持ちにくいため、困ることも多かったのですが、得意な絵を生かし紙芝居を作って発表し、みんなから大きな拍手をもらいました。ユウキさんの成長を実感できたのは子ども自身や私だけではありません。自分らしく活動する姿に、保護者からもうれしい声をいただきました。子どもを通して、保護者、教師も成長することをあらためて実感しました。

保護者とは、お母さんと話すことがほとんどでしたが、こうやって家庭と学校がつながっていくなかで、子どもの問題を家族全体の問題として受けとめてくださり、お父さんが関わっていかれる姿がどんどん見られるようになったこともうれしいことでした。

たくさんの子どもたちと出会うなかで、適切な関わりができにくかったために二次障害と呼ばれる行動を引き起こしているのではないかという子どもたちの姿も見てきました。

ユウキさんを丸ごと受けとめ、ユウキさんがユウキさんらしく毎日を送れるように日々努力されている保護者の姿勢から教えてもらうことも多く、さらに子どもたちの力を伸ばしていくために専門的な知識を身に付けたり、研修をする必要を感じたりしています。

《本は友だち》

私が大切にしているものに本の読み語り（読み聞かせ）があります。子どもたちは朝読書の時間はもとより、ちょっとしたすきまの時間にいつでもお気に入りの本を読めるように、机の横にかけた袋の中にいつも本を入れています。朝読書の静まりかえった時間も好きですが、何と言ってもクラスのなかで同じ本を楽しめる読み語り（読み聞かせ）の時間が私にとって大切な時間です。季節を感じるお話、その日誕生日を迎える子どもに贈るお話……。

冒険のお話にみんなでハラハラドキドキし、楽しい話にはみんなで大声で笑う……。主人公と一緒になってみんなで本を楽しみます。本に集中すると、聞いている子どもたちのおでこが前に出てきます。子どもたちとの温かな心地よい時間。このように、子ども同士が本の世界を共有することで、人と人との温かなつながりや優しさを感じ合えるのではないかと思っています。

ユウキさんは、素直な心の持ち主で、私が読む本についても、いつも率直な感想を話してくれ、クラスにほんわかとした雰囲気をつくってくれました。文を読んだり書いたりすることには抵抗があったユウキさんでしたが、お気に入りの本を見つけ、読書に親しめる時間も少しずつ長くなっていきました。何より自分の気持ちをみんなの前で伝えられるようになり、自信を持って取り組む姿が見られるようになりました。その頃から、困ったことがあると友だちや私に「助けてぇ～」と訴えられるようになっていきました。

《まとめにかえて》

子どもたちは、私自身の姿勢を実によく見ていると思います。何気なくかける子どもへのひと言をしっかり聞いています。その時の子どもたちの表情や仕草から、私自身がやってきたことへの評価をもらっているように感じます。

「子どもにとって最大の教育環境は、教師自身である」――先輩から教えていただいたこの言葉は私の拠り所となっているものです。笑顔を忘れず、謙虚な自分でありたいと思っています。

ユウキさんは中学生になり、個別指導計画などの申し送りはもちろんですが、教科担任制ということもあり、ユウキさんをよりよく知ってもらうために入学後、早い時期に担任と懇談の機会をもってもらいました。小学校では、苦手な課題には担任が個別に指導することも多く、課題の量も調節していました。しかし、思春期まっただなかにさしかかり、小学校とは異なる評価に苦労していることもあるようです。小学校と中学校との連携にはまだまだ課題もあります。

学校という子ども社会のなかに、いかに居場所をつくってやれるのか。子どもは、子ども社会でしか自信をつくることができないと思います。「だいすきわたし　だいじなあなた」を合い言葉に、自分を認め、相手を認められることを大切にこれからも、子どもたちから学んでいきたいと思います。

（内藤　香）

【6　学童保育の実践】

ヒロトくんの成長の軌跡を振り返って

現在6年生のヒロトくん（仮名）は、1年生で学童保育に入所しました。就学前の情報では、おとなが仲立ちしてくれれば何とか仲間とも関われるが、思いが通じないとパニックになり、相手をひっかいたり押したりしてしまうとのことでした。また、事前の小学校の入学説明会の時、一瞬の間に教室を飛び出してしまったことも私たち指導員は知っていました。

《1年生の頃》

学童保育は小学校入学前の春休みから始まります。初日、緊張してなかなかお母さんから離れられなかったヒロトくん。しばらくは、指導員がそばについて、ヒロトくんにとって、一日も早く学童保育が安心できる場所になるように心を砕きました。

周りの子どもたちには、ヒロトくんのことを「気持ちを上手く言葉で言えないことがあるし、言葉より先に手が出てしまうこともあるかもしれないけれど、やり返したりせずに、ヒロトくん、どうしたのと聞いてあげてほしい。困ったときは近くにいるおとなに言ってね」と伝えました。

ヒロトくんは絵を描いたり、アニメをまねてごっこ遊びをするのが好きだったので、できるだけしたいことができるようにしました。特別支援学級に在籍していても、ヒロトくんにとっては、入学後の小学校と学童保育の二重生活はきつかったのでしょう。学校や学童保育で寝てしまうことがよくありました。また、気持ちが乗らないと次の活動に移れず、トイレに籠もったり、友だちとポケモンごっこで遊んでいるときに自分の思い通りに相手が動いてくれないことに腹を立て、坂の上からいきなり相手を押したり、手加減なく叩いてしまったりすることもありました。

当然のことながら、そういった行動は周りの子どもたちには受け入れられず、同学年からは「ヒロトくん、怖い」と言われ、上級生は「こいつ、わけわからへん」と言われていました。私たちもヒロトくんをまるごと受けとめようという気持ちがある反面、できることは頑張らせなければと気負ってしまい、結果的にヒロトくんを叱ってしまうことがよくありました。

そこで、私たちは周囲からの厳しい眼差しのなかで生活するのはきついだろうと思い、しばらくの間、知的障がいのあるケンちゃんが近隣に散歩に出るときにはヒロトくんも外に連れ出すようにしました。ヒロトくんには「ケンちゃんが行きたいところへ行くよ。工事現場が大好きだからしばらくはそこから動かないかもしれないけれど、ヒロトくんも付き合ってね」と前もって伝えておきました。ケンちゃんとはほとんど会話が成立しないので、散歩の道中はもっぱら指導員とヒロトくんの会話になります。ヒロトくんからは、ディズニーランドによく行くことや家ではテレビゲームが好きなどの話を聞くことができました。また、ヒロトくんが大好きな歌をピアノを弾く真似をしながら歌ってくれると、ケンちゃんは大喜びでした。

《違う人間になりたい?!》

3年生のある日、ヒロトくんは学童保育に帰ってくるといきなり、「ぼくは、きょうから『ますだけんいちくん』という名前になるねん」と言いました。そして、ロッカーや靴箱、ネームプレートなどあらゆるところに『ますだけんいちくん』と書いて貼り付けていきます。少々驚いた私たちでしたが、ヒロトくんのごっこ遊びにつきあうことにしました。「みなさ～ん、きょうからヒロトくんは『ますだけんいちくん』になります。よろしくね」と言うと、周りの子どもたちも初めのうちは「?・?・?・」という感じでしたが、「わかった！」と言って、「じゃあ、けんいちくん、外でポケモンごっこしよ！」と誘ってくれました。後から帰ってきた子たちにも事情を話すと納得してくれて、「けんいちくん、きょう、おやついっしょに食べる？」などと聞いてくれました。自分の〝なりきりごっこ遊び〟をみんなにわかってもらえたことが嬉しかったのか、ヒロトくんはすっかり気を良くしたようでした。そして、国語のノートの名前もマジックで塗りつぶして、「ますだけんいち」と書き換えようとしたのですが、ふと我に返ったように、「ノートはやめとくわ」とランドセルにそっと片づけたのでした。

　その頃、ヒロトくんは学校でも叱られることが多く、しょっちゅう教室を飛び出しては学童保育にやってきていました。私たちも受け入れてばかりでいいのだろうかと迷っていたこともあり、無理に教室に戻そうとしたこともありました。ヒロトくんにすれば、「自分は叱られてばかりのダメな人間なんだ」という思いがあったのかもしれません。だから、絵本で見た『ますだけんいちくん』になりきろうとしたのかもしれないと後になって思いました。

《みんなといっしょに》

　3年生の秋、学童保育のドッジボール大会に初めて参加しました。中ドッジのチームのキャプテンになってもらったところ、とても張り切ってみんなを並ばせてくれたり、試合では当たっても気持ちを崩さず、外野に行って最後まで頑張ることができました。ヒロトくんは、それまではドッジボールなどのルールのある集団遊びに入っても長続きせず、当てられて拗《す》ねてしまったり、「どうせ、僕は弱いねん」と落ち込んだりしていたのですが、ドッジボール大会で自信がついたのでしょう、ドッジボールだけでなく、ケッタ鬼などの集団遊びにも参加し、楽しむようになり、一つの遊びが長続きするようになりました。また、途中入所の年下の子の世話を焼いてくれるなど、優しい面もたくさん見せてくれるようになりました。

《揺れる高学年に》

けれども高学年になると、ヒロトくんはテレビゲームやインターネットの世界にのめり込んでいくようになりました。生活リズムが崩れ、登校を渋ることや、昼間、眠そうに無気力な表情で過ごしていることもよくありました。もしかすると、この頃、ヒロトくんに、自分を客観的に見る目が育ってきていたのではないでしょうか。それがゆえに、同学年の仲間や弟と自分を比較して落ち込んでしまい、自分の趣味の世界に没頭することで、そのつらさや不安から逃れようとしていたのかもしれません。

ヒロトくんの揺れている期間は長かったなあと思います。体の成長に心が追いつかず、異性への憧れの気持ちをコントロールできず、行動に表してしまうことがありました。学童保育で1年生のときからいっしょに生活をともにしたサキちゃんのことを「好きだ」と意識するようになりました。そのときには、サキちゃんはもう学童保育を退所していたのですが、学校でサキちゃんのことが「好き」とみんなの前で言ったり、学童保育に帰ってきても特定の指導員をつかまえては、どうしたらサキちゃんに好かれるだろうかとそのことばかり聞いてきます。帰宅後はサキちゃんの家をしょっちゅう訪ねたりしていました。そのことで友だち関係がギクシャクしたり、からかわれて嫌な思いをすることもありました。まさに思春期の揺れでした。

学童保育でも、グダグダという表現がぴったりの落ち込みようで、あそびに誘っても何をしても気持ちが向かないようでした。6年生になってからもその状態を引きずっていました。指導員は、ヒロトくんのよくない行動にあまりとらわれないように、可能な限りおだやかに見守ることにしました。

《最後の運動会は晴れ舞台》

6年生の秋、ヒロトくんは小学校最後の運動会を前にして、かつてないほど意欲を持って練習に取り組んでいるようでした。学年の子どもたちと一丸となって全員リレーや組み立て体操をやり遂げることで「いい思い出をつくりたい、達成感を味わいたい」と願っていることが痛いほど伝わってきました。

過去の運動会には様々な苦労がありました。「なぜそれをするのか」がわからず、しんどさが勝っていた低学年の頃は練習に参加すること自体が困難でした。学校でエネルギーを使いすぎて、学童保育では荒れまくることもありました。葛藤を乗り越えて何とか練習は頑張っても、いざ本番となるとどうしても気持ちが向かず、力を発揮できない年もありました。

けれども、小学校最後の運動会は本当に自分の意志で向き合っていたヒロトくんでした。いよいよ最後の組み立て体操。みんなと息を合わせて一つひとつの動作を確実に行なわなければなりません。私は祈るような気持ちでハラハラしながら見守っていました。ヒロトくんは集中力を切らすことなく見事にやり遂げました。私は「すごいなあ！」と、ただただヒロトくんの成長に驚きと感動を覚えました。演技終了後、ハイタッチで迎えると、とても誇らしげな表情のヒロトくん。きっとこの運動会での思い出はこれからの彼の支えになってくれるに違いないと思いました。

《中学校生活に向けて自分なりの見通しをもって》

あと4か月で卒業を迎える秋の終わり、市内の特別支援学級・学校合同発表会がありました。背が160センチを超えて声変わりもし、すっかりおとなの風貌になってきたヒロトくん。最後の発表会ということで主役をりっぱに務めました。せりふ回しも立ち振る舞いも堂々としていて、6年間の成長を感じました。

本番が終わり、舞台裏にかえってきたヒロトくん。「見にきてくれてありがとう」と握手を求めてきてくれました。そして「ぼく、来年は○○中学校に行くことにしてん」と教えてくれました。支援学校に行くか、地域の中学校に行くかを迷っていたようですが、自分で決めたのでした。

いまは、学童保育でもすっかり落ち着き、みんなといっしょにおやつを食べたり遊んだり、年下の子の世話をしてくれたりしています。顔つきがしゃんとしてきました。最後に良い思い出をいっぱいつくって、中学校に羽ばたいていってほしいです。


（竹中　真美）

【7　ことばの教室の親の会】

個別指導の枠を超えてつながる親の会

大津市には「ことばの教室」「通級指導教室」に通う保護者を中心にして、「滋賀県ことばを育てる親の会　大津支部」が結成され、運営されています。

１９６５年に設置された「言語障害学級」に通う保護者たちが、ことばに障害をもつ子どもたちが充実した言語教育を受けられる環境を整えるために、１９７５年「滋賀県言語障害児をもつ親の会　大津支部」を結成しました。その保護者たちの願いが行政に聞き届けられ、現在「大津市ことばの教室」、市内小・中学校８校に「通級指導教室」が設置されていきました。

現在は「滋賀県ことばを育てる親の会　大津支部」と名称を改め、保護者の学習会や親子で楽しむクリスマス会など諸行事を通して親睦を深め、いろいろな悩み、問題を話し合い、学び合い、支え合うことを主たる目的として活動しています。会員の子どもの年齢構成は、通級指導教室に通う小学生が大部分を占めています。

保護者にとって「親の会活動」は、同じような苦労をしている仲間と出会い、先輩方からどのように乗り越えられてきたかの体験談を聴く場となり、子育てに大変役立っているようです。また、子どもにとっても楽しい場で、親子活動を通し子ども同士もつながり合い、友だち関係を育てていく場ともなっています。例えば、近所の子ども会主催の活動ではスケジュールがわかりにくく見通しがもてない、ゲーム大会では勝ち負けにこだわり楽しめない、劇や出し物の意味がわからないために上手く参加できなくて泣いて帰ることも多いようですが、親の会活動では子どもが嫌なことがあり場に相応しくない行動をとってもお互いに温かいまなざしで見守ってもらえるなどです。こうして、親の会は親子ともに安心できる居場所になっているようです。

そうした場になるには、指導者のアドバイザーとしての役割とOB会員の協力が欠かせません。「ことばの教室」「通級指導教室」ともに基本は個別指導ですから、利用している方々同士が知り合いになる機会はなく、「親の会」入会の誘いも指導者が仲介します。「親の会」活動を通して保護者同士が知り合い、他の子どもの様子や成長を見る良い機会でもあります。しかし、子ども同様に保護者にも個性がありますから、時として第三者として指導者が助言をすることが必要な場合もあります。また、「滋賀県ことばを育てる親の会　大津支部」は「ことばの教室」「通級指導教室」での指導・相談が終われば退会となるため、入会期間の短さゆえの運営の難しさがあります。さらに、以前に比べて、巡回相談や子ども発達相談センターなど相談を受ける場が増えてきたため、保護者の「親の会」への関心が薄れ、会員数が減少してきています。それらに対し、指導者だけではなくOB会員が参加し、実際の会の運営や相談役を担い協力しています。

幼児期から学齢期の発達支援の場が増えてきた中での「親の会」の意義や役割について、再検討していく時期にきていると感じます。しかし、保護者同士をつなぐ、子ども同士をつなぐ、親子を次のライフステージへつなぐなど、さまざまな「つなぎ」の役割がある会です。小さくても必要な働きを担って、今後も活動が続いていくことを願います。

（比良岡美智代）

【8　療育教室の親の会】

〝ぱるっこ〟は親のしゃべり場

《療育教室を卒所してもつながっていたい》

「〝ぱるランド〟が終わっても、ずっとつながっていたいね」

そんな思いからぱるランドを卒所した親のつどう場として〝ぱるっこ〟を始めました。

今では発達支援のための療育教室も増えていますが、当時は幼稚園や保育園の集団生活にうまく入っていけるか心配な子どもを療育してくれる教室が、大津市子育て総合支援センターゆめっこに市内で初めて設立されたところでした。

発達支援の療育教室が市内に一か所しかなく、市内全域から親子が集まっていました。住んでいる地域もさまざまで、卒所後は離ればなれになります。そこで、私たち一期生の保護者が、ぱるランドで得た仲間の輪を大切にしたいと思い、卒所児の親の会をスタートさせました。

自分が参加したいと思った時に参加する、そんなゆるやかな月一回のつどいです。卒所児の保護者が毎年加わり、今では保育園・幼稚園から中学校まで、いろんな年代の子どもを持つ保護者が、悩みを相談したり情報交換したり、親同士の交流を深めています。

今は、ぱるランドなどの就園前療育を受けなかったけれど「子どもの悩みを話せる場がほしかった」という親の参加もあり、少しずつその輪が広がってきています。
そんな〝ぱるっこ〟も今年で九年目になります。

《〝ぱるっこ〟は親のしゃべり場》

子どもには子どもの居場所がありますが、親である私にとって〝ぱるっこ〟の存在は大きく、近況報告が中心ではありますが、我が子の発達の心配を、構えることなく語り合い相談できる自分の居場所の一つにもなっています。

親として、地域には地域の居場所やつながりがありますが、ちょっと困った時に相談できる仲間がいるのは、子育てをしていく上で、とても心強いことです。子どもの心配な行動も「そうそう、うちもそんなことするわ」と共感してもらえるとほっとしたり、「〇〇ちゃん、こう思ってはったんと違う?」と言ってもらえることで、我が子の気持ちに気づかされたりします。とても悩んでいたことも、人に話すことでスッキリし、みんなの話を聞いているうちに、「そんなに悩むことないのか……」と安心し、元気をもらえます。

また、保育士の先生や発達相談の先生が顔を出してくださる時もあり、専門的なアドバイスをいただいたり、相談につないでいただいたりして、悩みの解消につながります。

それぞれ子どもの様子も違うので悩みもさまざまですが、学区を超えた横のつながり、学年を超えた縦のつながりを大切に集う場として、これからも〝ぱるっこ〟を続けていきたいです。就園・就学前の不安、そして就園・就学後の悩みなど、本当に深く悩み大きく揺れてきた私たちですが、それを何とか乗り越えてきた先輩として、今度は後に続く親子の力になればうれしいです。

《親も子もほっとするお楽しみ会》

また、年一回ですが、子育て総合支援センターの夏フェスタに、親の会として親子で作ったピザや手作り品を出品しています。子どもたちは、自分たちでつくったピザを張り切って販売する売り子の経験が、楽しみの一つになっています。

別の機会に親子で一緒に公園で遊ぶお楽しみ会もしています。その日は子どもたちが多少やんちゃしても、輪に入れず離れたところから見ていても大丈夫。温かく見守る〝ぱるっこ〟仲間のなかで、のびのび、その子なりの関わり方で過ごす一日です。

「久しぶり」と笑顔が集まり、親はお互いの子どもの成長を確かめ合い、子どもたちもそれぞれの園や学校のことを話し、それぞれ懐かしい仲間と過ごしてほっとしています。子ども同士も忘れずにいてほしいと思います。

〝ぱるっこ〟としては、20歳になったら、「みんなで成人式のお祝い会をしようね！」を目標に、末永くつながっていきたいです。

（青谷裕美子）

《編著者》

瓜生　淑子（うりうよしこ）　京都女子大学［まえがき、序］

西原　睦子（にしはらむつこ）大津市・発達相談員＊［まえがき、1章3、4章］

《執筆者》

小渕　隆司（おぶちたかし）　北海道教育大学釧路校［1章1、3章3］

別所　尚子（べっしょひさこ）大津市・発達相談員＊［1章2］

田丸　尚美（たまるなおみ）　広島都市学園大学［1章4］

楠　　凡之（くすのきひろゆき）　北九州市立大学［2章1］

浜谷　直人（はまたになおと）首都大学東京［2章2］

三山　　岳（みやまがく）　愛知県立大学［2章3］

比良岡美智代（ひらおかみちよ）　大津市・言語聴覚士＊［2章4、4章7］

小原　佳代（こはらかよ）　大津市・発達相談員＊［3章1］

荒井　庸子（あらいようこ）　浜松学院大学［3章2］

大津発達支援と子育て支援を考える会＊

島山　裕子（しまやまゆうこ）保護者［3章4］

向井　恵美（むかいめぐみ）　保育士［4章1］

小川ことゑ（おがわことえ）　保育士［4章2］

矢守　美子（やもりよしこ）　幼稚園教諭［4章3］

清水　美恵（しみずみえ）　保護者［4章4］

内藤　　香（ないとうかおり）小学校教諭［4章5］

竹中　真美（たけなかまみ）　児童クラブ指導員［4章6］

青谷裕美子（あおたにゆみこ）保護者［4章8］

発達障害児の発達支援と子育て支援
——つながって育つ・つながりあって育てる

2016年6月25日　第1刷発行

編著者——瓜生淑子・西原睦子
発行者——竹村　正治
発行所——株式会社　かもがわ出版
〒602-8119　京都市上京区堀川通出水西入
☎ 075(432)2868　FAX 075(432)2869
振替　01010－5－12436
印　刷——シナノ書籍印刷株式会社

ISBN978-4-7803-0830-3　C0037